Nick & Martina Tschirner

Saisonal kochen, ernten, feiern – mit links!

DAS EINHÄNDER-KOCHBUCH

ZWEI

Wozu brauchen wir denn noch so ein Kochbuch? Reicht nicht eins?

Nee, im zweiten Einhänderkochbuch wird gefeiert:

Ostern, Grillpartys, Halloween oder Weihnachten – wetten, du machst auch mit einer Hand deine Gäste satt und glücklich?

edition slow hand

Inhalt

FRÜHLING

SOMMER

HERBST

WINTER

INFORMATION

Backin

Mit nur einer Hand kochen?

Ja klar, mit Kreativität!

Mit frischen Zutaten der Saison kochen, das geht auch mit nur einer Hand und trotz Handicap. Bei mir klappt das mit links, denn nach einem schweren Unfall habe ich eine Bewegungsstörung im rechten Arm. Er zittert unkontrolliert, wenn ich z. B. eine Gabel greifen will, schreiben mit rechts geht gar nicht. Kochen mit einer Hand ist aber ebenfalls für Menschen möglich, die nach einem Schlaganfall mit einer einseitigen Lähmung zurechtkommen müssen. Doch wie mit nur einer Hand die Zwiebeln schneiden, Möhren schälen, das Tütchen Backpulver aufbekommen? Auch junge Eltern in Babyzeit und Vieltelefonierer fragen sich das ab und zu. Manchmal hilft ein bisschen Kreativität wie beim Backpulver, das bekomme ich auch mit den Zähnen auf. Für Arbeitsschritte wie das Schneiden von Gemüse haben sich zu unserem Glück andere findige Köpfe Gedanken gemacht und Hilfsmittel wie die Arbeitsstation für Einhänder entwickelt. Für ein selbstbestimmtes Leben auch in der Küche!

Wie viele Menschen will ich aber auch wissen, was in meinem Essen drin ist und deshalb lieber selber kochen. Und ich will Obst und Gemüse verarbeiten, das möglichst in meiner Region geerntet wurde, wenn es reif ist und am besten schmeckt. Also Erdbeeren nicht im Januar aus Spanien, sondern im Juni aus heimischer Ernte. Und Kürbis im Herbst. Kochen nach den Jahreszeiten ist deshalb das große Thema im zweiten Einhänderkochbuch. Mit Erdbeer- und Spargelrezepten im Frühjahr, selbstangebauten Tomaten im Sommer, wärmenden Suppen und vitaminreichem Grünkohlsalat im Winter. Was der Untertitel „Saisonal kochen, ernten, feiern" noch verrät: Gäste sind willkommen, in jeder Jahreszeit gibt es ein Fest! Mit gelingsicheren Rezepten, dazu Tipps zur Planung. Dass einhändiges Schnippeln der Zutaten länger dauert, muss euch nicht entmutigen. So abgedroschen es klingen mag: Übung macht den Meister. Und die Aufteilung der Rezepte – auch in unserem zweiten Buch wieder extra gestaltet – macht es übersichtlich. Fast jeder kann kochen – viel Spaß und Erfolg wünschen

Nick & Martina

Ist doch easy!

Hilfsmittel für die Einhänderküche

Ob Einhänderbrett oder Arbeitsstation – wenn geschnippelt werden soll, hilft eins von beiden, um Tomate, Zwiebel & Co. zu fixieren. Beide rutschfesten Hilfen gibt's im Sanitätshandel oder übers Internet. Nicht abgebildet, aber ebenso wichtig für die Arbeit in der Küche sind ein gutes, scharfes Kochmesser und ein kleineres Küchenmesser. Ebenso wie Esslöffel und Teelöffel, die wir in den Rezepten nicht extra aufgeführt haben.

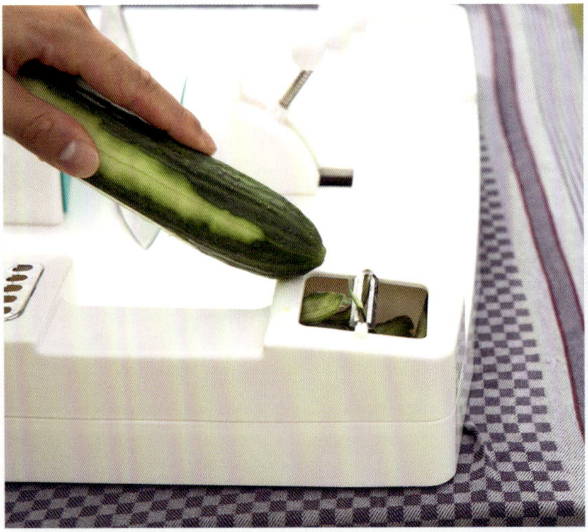

ARBEITSSTATION I – SCHÄLEN UND REIBEN

Die Schale von Gurke oder Möhre bekommen? Käse für Pasta vorbereiten? Gelingt mit Schäler und Reibe an der Arbeitsstation – sie lassen sich aber mit einer Schutzkappe auch abdecken, wenn sie gerade nicht gebraucht werden.

ARBEITSSTATION II – FESTKLEMMEN

Nicht nur Lebensmittel wie Frühlingszwiebeln oder ein Kastenbrot lassen sich mit der verstellbaren Klemmvorrichtung fixieren und schneiden. Auch Dosen und Marmeladengläser sind so eingeklemmt gut zu öffnen, die Zitruspresse verrutscht nicht.

ZWIEBELN PELLEN & HACKEN

So geht's: Die Zwiebel auf die Nägel der Arbeitsstation stecken, der Wurzelansatz lässt sich jetzt abschneiden, die Schale gut abziehen. Der Zwiebelhacker hilft, sie in kleinere Stücke zu hacken, dafür zuvor die Zwiebel mit einem Messer vierteln.

KNOBLAUCHSCHLAUCH

So geht Knoblauchschälen ganz easy: eine Zehe in den Gummischlauch stecken, auf einer Arbeitsplatte, einem Küchenbrett oder der Arbeitsstation den Schlauch mit der Hand hin- und herrollen. Schon ist die Zehe die Schale los.

TÖPFE MIT STIEL

Wichtig, um große und kleine Töpfe ähnlich wie eine Pfanne bewegen zu können, wenn sie gefüllt sind! 200 Gramm gekochte Nudeln lassen sich so auch mit einer Hand abgießen. Die Töpfe sollten zudem nicht zu leicht sein.

ALLIGATOR FÜR FEINE WÜRFEL

Mit einem Rutsch werden Zwiebeln, Paprika, Ingwer und anderes Gemüse sehr klein geschnitten. Dann den Alligator umdrehen und die Würfelchen fallen in die Auffangschale. Um die zu lösen, das lange Ende gegen den Bauch halten.

WIEGEMESSER & MESSBECHER

Kleine Flüssigkeitsmengen, z. B. Essig und Öl für Salat, lassen sich mit dem Löffel schlecht abmessen. Nützlich ist ein kleiner Messbecher, 10 ml entsprechen 1 EL. Um Kräuter einhändig zu zerkleinern, hilft ein Wiegemesser.

Frühling

Grüne Sauce

★★★ zu Pellkartoffeln ★ für 4 Portionen ★★★

Zutaten – einkaufen oder aus Vorrat

1 Paket Grüne-Sauce-Kräuter
klassisch: Petersilie, Schnittlauch, Kerbel, Borretsch, Sauerampfer, Kresse, Pimpinelle
kreativ: nach Geschmack, auch Bärlauch, Dill, Estragon und Liebstöckel passen.

1 Becher Schmand

4 Eier

2 TL Senf

4 EL Mayonnaise

50 ml Milch

Prise Zucker

Salz & Pfeffer

1/2 Zitrone (davon den Saft)

Bereitstellen

Arbeitsstation / Einhänderbrett

großer & kleiner Messbecher

1,5-Liter-Stieltopf mit Deckel

Schaumlöffel / Schöpfkelle

eventuell Eierschneider

Schüssel

Pürierstab & hoher Rührbecher

Abmessen

500 ml Wasser

50 ml Milch

Waschen & abtropfen lassen

alle Kräuter

Vorbereiten & schneiden

Stieltopf 2 cm hoch mit Wasser füllen.

Die Eier hineinlegen.

Zugedeckt zum Kochen bringen.

Auf kleine Hitze schalten.

Die Eier 10 Minuten hart kochen.

Topf ohne Deckel unter fließendes kaltes Wasser stellen.

Die Eier so abschrecken.

Eier rundherum auf der Arbeitsstation anklopfen, damit die Schale bricht.

Dann die Eier fixieren und pellen.

Mit einem Messer kleinhacken oder einmal quer und dann noch einmal längs mit einem Eierschneider zerkleinern.

In eine Schüssel geben.

Grüne Sauce zubereiten

Kräuter und Schmand in den Rührbecher geben.

Alles mit dem Pürierstab fein pürieren.

Zur Kräuter-Schmand-Mischung auch Senf, Mayonnaise und Milch geben.

Alles mit einem Löffel verrühren.

Zuletzt die gehackten Eier vorsichtig unterrühren.

Die Grüne Sauce mit Zucker, Salz & Pfeffer und Zitronensaft abschmecken.

Für mindestens 30 Minuten in den Kühlschrank stellen, damit sie gut durchzieht.

Bärlauchpesto

★ ★ ★ erstes Grün ★ für 1 kleines Schraubglas ★ ★ ★

Zutaten – einkaufen oder aus Vorrat

1 dickes Bund Bärlauch
(oder noch besser sammeln)
2 EL Pinienkerne
grobes Meersalz & Pfeffer
80 ml Olivenöl
50 g Parmesan

Bereitstellen

kleine Pfanne
kleiner Messbecher
Küchenwaage
Holzbrett & Wiegemesser
elektrischer Multizerhacker
Küchenkrepp

Abwiegen & -messen

50 g Parmesan
80 ml Olivenöl

Waschen & abtropfen lassen

Bärlauch, sehr gründlich, wenn selbst gesammelt

Vorbereiten & schneiden

In der Pfanne 2 EL Pinienkerne ohne weiteres Fett rösten, bis sie duften.
Danach abkühlen lassen.
Parmesan in Brösel brechen.

Bärlauch mit Küchenkrepp trocken tupfen.
Bärlauchblätter auf dem Holzbrett mit dem Wiegemesser grob zerkleinern.
Dann in den Multizerhacker geben.
1 TL Meersalz dazugeben.
Pinienkerne auch in den Zerhacker geben.
Das Olivenöl zugießen.

Zerkleinern / Mixen / Abschmecken

Zerhacker schließen.
Alles gut zerkleinern und mixen.
Zerhacker öffnen.
Parmesanbrösel zugeben und unterrühren.
Das Pesto mit frisch gemahlenem Pfeffer abschmecken.

TIPPS

Pesto schmeckt zu Spaghetti, Risotto oder auf Crostini.
Bärlauch wächst wild von März bis Mai in halbschattigen Laubwäldern.

Saatzeit

für Vitamine aus eigener Ernte

Den Salat mit selbst gezogenen Kräutern aufpeppen? Für die Sahne-Sauce zum Fisch Petersilie vom Fensterbrett schnippeln? Und wer früh genug mit dem Aussäen von Tomatenkernen beginnt, kann sich im August über die Ernte eigener Früchte vom Balkon oder aus dem Garten freuen. Ein bisschen Gärtnern macht einfach Spaß!

WELCHE ERDE? WELCHE SAMEN?

Fürs Säen Anzuchterde nehmen, am besten torffrei und nicht zu grob. Man kann sie im Gartencenter in gepresster Form kaufen und muss dann nicht so schwer schleppen, entweder im größeren Stück oder schon als kleine Pflanzscheiben mit Vertiefung für die Samen. Gewässert quillt die gepresste Erde auf und los geht's mit dem Säen.

Beim Kauf der Samen auf Bioqualität achten, das garantiert, dass ihr z. B. von selbstgezogenen Tomaten die Kerne im nächsten Gartenjahr wieder aussäen könnt. Mit sogenanntem Hybridsaatgut aus dem Supermarkt, gekennzeichnet mit F1, klappt das nicht, es ist nicht samenfest. Saatzeit für Tomaten ist Februar/März, Kräuter fürs Fensterbrett kann man das ganze Jahr über säen.

Spaghetti mit Spinat

★★★ 2-3 Portionen ★★★

Zutaten – einkaufen oder aus Vorrat

250 g Blattspinat
150 g Ziegenfrischkäse
250 g Spaghetti
30 ml Olivenöl
1 Zwiebel, 1 Knoblauchzehe
100 ml Weißwein oder Gemüsebrühe
1/2 Zitrone (davon den Saft)
Salz & Pfeffer
evt. Parmesan

Bereitstellen

Arbeitsstation / Einhänderbrett
Küchenwaage
kleiner & großer Messbecher
2 Abtropfsiebe
Knoblauchschlauch
Alligator / Zwiebelhacker
3-Liter-Topf mit Stiel und Deckel
große Schmorpfanne

Abwiegen & abmessen

250 g Spaghetti
100 ml Weißwein oder Gemüsebrühe
10 & 20 ml Olivenöl

Waschen & abtropfen lassen

Spinat

Vorbereiten & schneiden

Zwiebel fixiert pellen und halbieren.
Knoblauch mit dem Schlauch pellen.
Beides mit dem Alligator oder dem Zwiebelhacker zerkleinern.
Den 3-Liter-Topf bis etwa 3 cm unter dem Rand mit Wasser füllen.

Zubereiten

Im Stieltopf Wasser zum Kochen bringen.
2 TL Salz ins Wasser geben.
Die Nudeln ins kochende Wasser geben und „al dente" kochen.
Fertige Nudeln in ein Sieb abgießen.
Abgetropfte Nudeln zurück in den Topf.
10 ml Öl dazugeben.
Mit dem Deckel verschließen.
In der Pfanne 20 ml Olivenöl erhitzen.
Zwiebeln und Knoblauch in die Pfanne geben und glasig andünsten.
Spinat dazugeben.
Mitdünsten, bis er zusammengefallen ist.
Dabei vorsichtig rühren.
Ziegenfrischkäse untermischen.
Wein (oder Brühe) unterrühren.
Alles einmal aufkochen lassen.
Mit Salz und Pfeffer abschmecken.
Die Spaghetti in die Pfanne zu dem Spinat geben.
Vorsichtig beides mischen.

Anrichten

Die Spinatnudeln auf 2 bis 3 Tellern verteilen.
Wer mag, streut noch geriebenen Parmesan über die Spaghetti.

Spargel-Erdbeer-Salat

★★★ Für 3 Portionen ★★★

Zutaten – einkaufen oder aus Vorrat

400 g grüner Spargel
150 g Erdbeeren
2 EL Pinienkerne
20 ml Aceto Balsamico
20 ml Olivenöl
1 TL Honig
Salz & Pfeffer

Bereitstellen

Arbeitsstation / Einhänderbrett
kleiner Messbecher
kleine Pfanne
Sieb
Schmorpfanne mit Deckel
Schraubglas mit Deckel
Salatschüssel

Abmessen

20 ml Aceto Balsamico
20 ml Olivenöl

Waschen & abtropfen lassen

Spargel
Erdbeeren

Vorbereiten & schneiden

Die Pinienkerne in der Pfanne ohne weiteres Fett rösten, bis sie duften.
Vom Spargel unten den holzigen Teil abschneiden, etwa 2 cm.
Schälen ist nicht nötig!
Die Erdbeeren entstielen.
Kleine Früchte halbieren, große vierteln.

Spargel kochen & schneiden

Die Schmorpfanne 2 cm hoch mit Wasser füllen.
1 TL Salz dazugeben.
Die Spargelstangen hineinlegen.
Wasser und Spargel zum Kochen bringen.
Deckel auf die Pfanne legen.
Bei niedriger Hitze etwa 15 Minuten garen.
Den Spargel aus der Pfanne nehmen.
In einem Sieb abtropfen lassen.
Fixiert in etwa 3 cm lange Stücke schneiden.

Dressing zubereiten

Aceto Balsamico in ein Schraubglas gießen.
Honig, Salz und Pfeffer einrühren.
Olivenöl dazugeben.
Das Glas gut verschließen.
Kräftig schütteln.

Anrichten

Spargel & Erdbeeren in eine Schüssel geben.
Darüber das Balsamico-Dressing träufeln.
Mit den gerösteten Pinienkernen bestreuen.

Fisch in Wermut-Kräuter-Sahne

★★★ schmeckt nicht nur am Karfreitag! ★ für 2 Portionen ★★★

Zutaten – einkaufen oder aus Vorrat

350-400 g Fischfilet, das nicht so leicht zerfällt (Fischhändler fragen)
100 ml Fischfond
100 ml trockener weißer Wermut
100 ml Sahne
Schnittlauch (oder Dill / Petersilie, ersatzweise TK-Kräuter)
1 Zwiebel
2 EL kalte Butter
Salz & Pfeffer, Zucker

Bereitstellen

Arbeitsstation / Einhänderbrett
Messbecher
Alligator / Zwiebelhacker
Küchenschere
beschichtete Pfanne mit Deckel

Abmessen

100 ml Fischfond
100 ml Wermut
100 ml Sahne

Waschen & abtropfen lassen

Schnittlauch

Vorbereiten & schneiden

Zwiebel schälen, halbieren und mit dem Alligator oder Zwiebelhacker zerkleinern.
Den Fisch auf der Arbeitsstation fixiert in mundgerechte Stücke schneiden.
Den Schnittlauchbund, wo er vom Gummi gehalten wird, fixieren.
Mit einer Küchenschere von den Spitzen her in kleine Röllchen schneiden.

Zubereiten in der Pfanne

1 EL Butter in der Pfanne zerlassen.
Die Zwiebel darin anschwitzen.
Fischfond und Wermut zugeben.
Die Flüssigkeit ungefähr auf die Hälfte einkochen.
Die Sahne zugeben.
Weiter einkochen, bis die Sauce sämig ist.
Jetzt 1 EL Butter in die Sauce rühren – sie soll nicht mehr kochen!
Mit Salz & Pfeffer und 1 Prise Zucker abschmecken.
Die Fischstücke salzen und pfeffern und in die Sauce geben.
Deckel drauf.
Den Fisch etwa 5 Minuten gar ziehen lassen.

Anrichten

Schnittlauch über die Fischstücke in der Sauce geben und vorsichtig untermischen.
Schmeckt mit Salzkartoffeln oder Püree.

Rhabarbergrütze

★★★ Für 4 Portionen ★★★

Zutaten – einkaufen oder aus Vorrat

500 g Rhabarber
100 g Gelierzucker 1:2
1/2 Zitrone (davon den Saft)

Bereitstellen

Arbeitsstation / Einhänderbrett
Küchenwaage
Zitruspresse
3-Liter-Topf mit Stiel

Abwiegen

100 g Gelierzucker 1:2

Waschen & abtropfen lassen

Rhabarber

Vorbereiten & schneiden

Aus der Zitronenhälfte den Saft auspressen.
Vom Rhabarber die Enden abschneiden.
Die Stangen auf der Arbeitsstation in
3-4 cm große Stücke schneiden.

Kochen

Rhabarberstücke, Zitronensaft und Gelierzucker in den Topf geben und gut mischen.
Aufkochen und 5 Minuten köcheln lassen.
Dabei oft umrühren.
Rhabarbergrütze abkühlen lassen.

DAZU PASST

Vanilleeis oder -joghurt, gesüßte Mascarponecreme, Schlagsahne.

Rhabarber-Chutney

★★★ für 3-4 kleine Gläser ★★★

Zutaten – einkaufen oder aus Vorrat

1 kg Rhabarber
1 Stückchen Ingwer (1-2 cm)
2 rote Chilischoten
2 EL Rosinen
200 g Zucker
125 ml Weißweinessig
Salz

Bereitstellen

Arbeitsstation / Einhänderbrett
Küchenwaage
kleiner Messbecher
3-Liter-Topf mit Stiel
Schöpfkelle
Marmeladentrichter
kleine Schraubgläser

Abwiegen & -messen

200 g Zucker
125 ml Weißweinessig

Waschen & abtropfen lassen

Rhabarber
Chili

Vorbereiten & schneiden

Vom Rhabarber die Enden abschneiden.
Die Rharbarber-Stangen fixiert in 3-4 cm große Stücke schneiden.
Ingwerstück fixiert dünn schälen.
Mit dem Alligator fein würfeln (oder fixiert in dünne Scheiben schneiden und dann mit einem scharfen Messer kleinhacken).
Gläser & Deckel gründlich heiß auswaschen.

Kochen & abschmecken

Rhabarberstücke, ganze Chilischoten , Rosinen, Zucker und Essig in den Topf geben.
Alles gut mischen.
1 Stunde bei starker Hitze im Topf ohne Deckel kochen, bis das Rhabarberchutney dicklich wie Marmelade ist.
Die Chilischoten entfernen.
Das Chutney mit Salz abschmecken.

Einfüllen

Durch den Trichter das Chutney noch heiß in die sauberen Gläser bis zum Rand einfüllen.
Gläser sofort fest verschließen.
Gläser 5 Minuten auf den Kopf stellen.

Jozu schmeckt
lenn
:hutney?

Versuchs mal zu
gegrilltem Fisch
und Fleisch,
zu indischen Currys
oder auch Käse.

Osterbrunch

Nicht ohne Eier!

Familienfest und Eiersuchen mit Kindern? Oder einfach nur mit Freunden entspannt den Frühling begrüßen? Ob so oder so, ein paar Ostereier gehören natürlich auch zu unserem entspannten Brunch, und wenn nur als Deko. Wir drücken die Daumen, dass schon ein paar wärmende Sonnenstrahlen das erste Fest im Jahr noch schöner machen.

TIPPS FÜR DIE VORBEREITUNG

Zwei Tage vor dem Brunch:
Walnuss-Brot backen, Hummus vorbereiten.
Vorab-Check:
Sind genug Bestecke, Teller und Gläser da?
Reicht der Kaffee?
Ist die Tischdecke sauber?

Ein Tag vorher: Frischkäsecreme zubereiten und einkaufen, was noch an Zutaten und Getränken fehlt, auch an Wasser denken. Die Getränke kaltstellen.

Am Festtag: morgens den Früchtetee kochen, Desserts fertig machen und kühl stellen; Buffet aufbauen oder Tisch decken; Zutaten fürs Rührei bereitstellen – aber erst zubereiten, wenn alle da sind; eventuell Kaffee kochen.

Früchte-Walnuss-Brot

★ ★ ★ lässt sich vorbereiten ★ für etwa 12 Scheiben ★ ★ ★

Die Idee für dieses mit Bier gebackene Brot kommt von dem englischen Biogärtner und TV-Koch Hugh Fearnley-Whittingstall.

Zutaten – einkaufen oder aus Vorrat

150 g Vollkornmehl
100 g Walnusskerne
100 g Trockenfrüchte (z. B. Aprikosen, Datteln, Rosinen, Cranberries)
500 ml kräftiges Bier (z. B. Indian Pale Ale)
350 g Weizenmehl
etwas Mehl für die Form
1 Päckchen Backpulver
2 TL Salz, 1 TL Zucker
Öl zum Einfetten

Bereitstellen

Arbeitsstation / Einhänderbrett
Küchenwaage
großer Messbecher
kleine Schüsseln
Rührschüssel
großes Messer
Kastenform (30 cm lang)
Teigschaber
kleiner Holzspieß (für Garprobe)

Abwiegen & abmessen

150 g Vollkornmehl

350 g Weizenmehl

500 ml Bier

Vorbereiten

Walnüsse, Aprikosen und Datteln mit einem großen Messer grob hacken und in eine kleine Schüssel geben.

Backofen auf 180 °C vorheizen.

Kastenform mit etwas Öl einfetten und mit etwas Mehl bestäuben.

Teig zubereiten

Beide Mehlsorten, Backpulver, Salz und Zucker in die Rührschüssel geben.

Die Walnüsse und Trockenfrüchte zugeben.

Alles gründlich mischen.

Nach und nach das Bier zugießen und rühren, bis ein klebriger Teig entstanden ist.

Den Teig in die Kastenform laufen lassen.

Reste mit dem Teigschaber aus der Rührschüssel nehmen (evt. braucht ihr Hilfe beim Festhalten der Rührschüssel) und auch in die Form geben.

Backen

Die Kastenform mit dem Teig in der Ofenmitte etwa eine Stunde backen.

Nach einer Stunde mit einem Spieß in die Mitte des Brotes stechen (Garprobe):

Wenn beim Herausziehen kein Teig daran klebt, ist das Brot fertig.

Wenn doch noch Teig am Spieß klebt, das Brot noch so lange im heißen Ofen lassen, bis der Teig fertig ist.

Erst nach dem Abkühlen das Brot aus der Form nehmen.

Anrichten

In etwa 12 dicke Scheiben schneiden.

Aufbewahren

Das Brot hält sich einige Tage luftdicht verpackt. Es lässt sich auch gut einfrieren.

Butter mit Pfiff

★ ★ ★ toll auf frischem Brot ★ ★ ★

KRÄUTERBUTTER

Zutaten – einkaufen oder aus Vorrat

250 g Butter
1/2 Bund Petersilie
1 Kästchen Kresse
Salz & Pfeffer

Bereitstellen

Küchenkrepp oder Küchenhandtuch
Holzbrett & Wiegemesser
Küchenschere
tiefer Teller

Waschen & abtropfen lassen

Petersilie

Vorbereiten & schneiden

Die Butter eine Stunde, bevor es losgeht, aus dem Kühlschrank nehmen.
Petersilie mit Küchenkrepp trocken tupfen.
Die Petersilienblättchen von den Stängeln zupfen und auf das Holzbrett geben.
Kresse mit der Küchenschere abschneiden, zur Petersilie geben.
Beide Kräuter mit dem Wiegemesser fein zerkleinern.

Kräuterbutter zubereiten

Weiche Butter in einen tiefen Teller geben.
Die gehackten Kräuter auf die Butter geben.
Alles mit einer Gabel zerdrücken.
Dabei gut vermischen.
Mit Salz und Pfeffer abschmecken.

MAHARANI-BUTTER

Zutaten – einkaufen oder aus Vorrat

250 g Butter
2 TL TK-Schnittlauch
1/2 TL Currypulver
1TL Senf
Salz & Pfeffer

Bereitstellen

tiefer Teller

Vorbereiten

Die Butter eine Stunde, bevor es losgeht, aus dem Kühlschrank nehmen.

Butter zubereiten

Weiche Butter in einen tiefen Teller geben.
Schnittlauch, Curry und Senf zugeben.
Alles mit einer Gabel zerdrücken.
Dabei gut vermischen.
Mit Salz und Pfeffer abschmecken.

Aufstriche

KICHERERBSENCREME

Zutaten – einkaufen oder aus Vorrat

1 Dose Kichererbsen
(à 400 g mit Ringverschluss)
4 EL Sesampaste (Tahini)
1-2 EL geschälte Sesamsamen
1 Zitrone (davon den Saft)
Olivenöl
1 Knoblauchzehe
1gestrichener TL Kreuzkümmel (Kumin)
1 gestrichener TL edelsüßes Paprikapulver
Salz & frisch gemahlener Pfeffer

Bereitstellen

Arbeitsstation / Einhänderbrett
Küchensieb
kleiner Messbecher
Knoblauchschlauch
Zitruspresse
kleine Pfanne
elektrischer Multizerhacker

Abmessen

20 ml Olivenöl

Vorbereiten & schneiden

Kichererbsendose öffnen.

Die Kichererbsen über der Spüle in ein Sieb gießen.

Unter fließendem, kalten Wasser abspülen.

Abtropfen lassen.

Knoblauchzehe mit dem Knoblauchschlauch schälen

Zitrone halbieren.

Beide Hälften mit der fixierten Zitruspresse auspressen.

Sesamsamen in der Pfanne anrösten.

Dabei aufpassen, sie verbrennen schnell.

Zerkleinern & würzen

Kichererbsen, Knoblauch, Zitronensaft und Olivenöl in den Multizerhacker geben.

Deckel schließen.

Alles fein pürieren.

Wenn das Püree zu fest scheint, noch 1 - 2 EL Wasser zugeben.

Messer aus dem Multizerhacker entfernen.

4 EL Sesampaste und die Gewürze zugeben.

Alles mit einem Löffel verrühren.

Herzhaft abschmecken.

Hummus auf einem Teller anrichten und mit Sesam bestreuen.

FRISCHKÄSE-GORGONZOLA-AUFSTRICH

Zutaten – einkaufen oder aus Vorrat

200 g Frischkäse

100 g Gorgonzola (oder anderen Blauschimmelkäse)

1/2 Zitrone (davon den Saft)

Zucker

Salz & frisch gemahlener Pfeffer

Bereitstellen

tiefer Teller

Aufstrich zubereiten

Frischkäse und Gorgonzola in einen tiefen Teller geben.

Die halbe Zitrone darüber auspressen.

Alles mit einer Gabel zerdrücken.

Dabei gut mischen.

Mit einer Prise Zucker, Salz und Pfeffer abschmecken.

Rührei mit Forelle & Schafskäse

★★★ für 4 Portionen ★★★

Zutaten – einkaufen oder aus Vorrat

100 g geräucherte Forellenfilets
2 EL Schafskäse
2 TL TK-Schnittlauch
4 Eier
60 ml Sahne oder Milch
Salz & frisch gemahlener Pfeffer
2 TL Butter

Bereitstellen

Rührbecher
Schneebesen oder Gabel
beschichtete Pfanne
Pfannenwender
Küchenkrepp

Abmessen

60 ml Sahne

Vorbereiten

Forellenfilet mit einer Gabel oder Messer in etwa 2 cm große Stücke zerteilen.
Den Schafskäse mit einer Gabel zerbröseln.
Die Eier vorsichtig aufschlagen und in den Rührbecher geben.
Sahne, Salz und frisch gemahlenen Pfeffer zu den Eiern geben.
Mit dem Schneebesen oder einer Gabel gut verrühren.
Die Hälfte der Eier in eine Schüssel geben.

Rührei mit Forelle braten

1 TL Butter in die Pfanne geben, erhitzen.
Die Hälfte (!) der verquirlten Eier zugeben.
Bei kleiner Hitze stocken lassen.
Dabei mit einem Pfannenwender vorsichtig am Pfannenboden entlang

rühren, bis das flüssige Ei cremig ist.
Es darf nicht zu fest werden, weil es dann trocken wird.
Kurz vor Ende der Garzeit die Fischstücke und 1 TL Schnittlauch unterheben.
Pfanne vom Herd nehmen und Rührei auf eine Hälfte eines großen Tellers geben.

Rührei mit Schafskäse braten

Pfanne kurz abkühlen lassen und mit Küchenpapier auswischen.
Wieder 1 TL Butter in die Pfanne geben und erhitzen.
Den Schafkäse dazugeben und etwas schmelzen lassen.
Erst jetzt die zweite Hälfte (!) der verquirlten Eier zugeben.
Bei kleiner Hitze stocken lassen.
Dabei wieder mit dem Pfannenwender vorsichtig rühren, bis das flüssige Ei cremig ist.
Kurz bevor es fest wird, 1 TL Schnittlauch unterheben.
Pfanne sofort vom Herd nehmen.
Rührei mit Schafskäse auf die andere Hälfte des großen Tellers neben das Forellen-Rührei geben.

Erdbeer-Joghurt-Trifle

★★★ englisches Schichtdessert ★ für 3 Portionen ★★★

Zutaten – einkaufen oder aus Vorrat

etwa 1 Handvoll Cantucci
(Mandelgebäck oder andere Kekse)
6 EL Erdbeerkonfitüre
250 g griechischer Joghurt (10%)
30 ml Orangensaft

Bereitstellen

kleiner Messbecher
Schälchen
3 kleine Gläser

Abmessen

30 ml Orangensaft

Vorbereiten

Die Cantucci jeweils in zwei Hälften brechen.
6 EL Erdbeerkonfitüre in ein Schälchen geben.
Mit Orangensaft verrühren, damit sie etwas flüssiger wird.

Schichten

Auf den Boden jedes Gläschens 1-2 Cantucci-Stückchen legen.
Darauf jeweils 1 EL Erdbeerkonfitüre und 2 EL Joghurt verteilen.
Nochmal wiederholen, mit einem Rest Erdbeerkonfitüre abschließen.

VARIATIONEN

Natürlich können für ein Trifle auch

- frische Beeren verwendet werden.
- Z. B. Him- oder Brombeeren (allerdings gibt's die frisch erst im Sommer und noch nicht zu Ostern)
- Auch Kirschen schmecken.
- Bei den Konfitüren dürfen es selbstverständlich auch andere Sorten sein.
- Wer mag, kann die Kekse auch mit einem fruchtigen Likör oder einem süßen Sherry beträufeln.
- Und zwischen die einzelnen Schichten Mandelblättchen geben.

Und wenn ich mal keine Cantucci bekomme?

Ich nehme sowieso immer Kuchen- oder Keksreste statt der Cantucci.

10% Fett
EDEKA

Roter Eistee mit Beeren

★★★ für etwa 4 Gläser ★★★

Zutaten – einkaufen oder aus Vorrat

1 kleine Packung gemischte TK-Beeren
(ihr benötigt etwa 5 EL)
1 Zitrone (davon den Saft)
4 Beutel roten Früchtetee
(auch Hibiskustee ist ok)
3 - 4 EL Zucker

Bereitstellen

Arbeitsstation
großer Messbecher
Heißwasserkocher oder
1,5-Liter-Topf mit Stiel
Teekanne / Krug
Zitruspresse

Abmessen

1 l Wasser

Vorbereiten & schneiden

Zitrone halbieren und beide Hälften auspressen (Zitruspresse mit der Klemme auf der Arbeitsstation fixieren).

Tee zubereiten

Den Liter Wasser im Heißwasserkocher oder Topf aufkochen.
Teebeutel in die Teekanne geben und mit dem kochenden Wasser übergießen.
Den Tee 10 Minuten ziehen lassen.
Teebeutel aus der Kanne nehmen.
Tee nach Geschmack mit Zucker süßen.
Den Zitronensaft zum Tee dazugeben.
Abkühlen lassen.
Danach im Kühlschrank kaltstellen.

Anrichten

Kurz vor dem Servieren die noch gefrorenen Früchte als „Eiswürfel" in den Tee geben, entweder in die Kanne oder schon in Gläser zum Servieren.

TIPP

Den Tee könnt ihr schon Vortag zubereiten und über Nacht im Kühlschrank gut durchkühlen lassen.

Tee? Das ist doch nix für Seemänner!

Am Abend schmeckt der Eistee auch mit einem Schluck Sekt.

Sommer

Blattsalat mit Ziegenkäse & Früchten

★★★ für 2 Personen ★★★

Zutaten – einkaufen oder aus Vorrat

100 g Pflück- oder Wildkräutersalat
2 Aprikosen
50 g Himbeeren (oder andere Beeren)
2 Scheiben Ziegenkäse (je etwa 150 g)
2 EL Honig-Salz-Mandeln (z. B. von Seeberger) oder andere Nüsse, auch pur
1/2 Zitrone (davon den Saft)
3 TL Honig
20 ml Aceto Balsamico, 30 ml Olivenöl
Salz & frisch gemahlener Pfeffer
1/2 TL getrocknete Thymianblättchen

Bereitstellen

Arbeitsstation / Einhänderbrett
kleiner Messbecher
Zitruspresse
Schraubdeckelglas
Salatschleuder
Backblech / Gratinform
Backpapier
2 Pastateller

Abmessen

20 ml Aceto Balsamico
30 ml Olivenöl

Waschen & abtropfen lassen

Salatblätter, Aprikosen

Dressing zubereiten

Die halbe Zitrone fixiert auspressen.
Zitronensaft, 1 TL Honig, Balsamico, Salz und Pfeffer im Schraubdeckelglas verrühren.
Olivenöl zugeben.
Das Glas verschließen, kräftig schütteln.

Vorbereiten & schneiden

Den Backofen auf 220 °C vorheizen.
Backblech (oder Gratinform) mit Backpapier auslegen.
Den Salat in der Salatschleuder trockenschleudern.
Die Aprikosen halbieren und entkernen.
Aprikosenhälften jeweils in 8 bis 10 Spalten schneiden.

Überbacken

Ziegenkäse auf das Backblech legen.
Jede Scheibe mit je 1 TL Honig bestreichen und mit etwas Thymian bestreuen.
Den Käse etwa 3 Minuten im Backofen backen, bis er zu zerlaufen beginnt.

Anrichten

Salat auf die Pastateller geben.
Aprikosenspalten und Himbeeren auf dem Salat verteilen.
Darüber das Dressing gießen.

Die Käsescheiben auf oder neben dem Salat anrichten.

Und mit den Honig-Salz-Mandeln bestreuen.

Kräuter
für später im Jahr

Endlich grünt es üppig in der Kräuterecke auf dem Balkon oder im Garten, vielleicht sogar mehr, als man verbrauchen kann. Doch jeden Tag Rucolasalat oder Tomaten mit Basilikum ist irgendwie auch langweilig. Was tun? Einen Teil der duftenden Vitaminspender für die Zeit nach dem Sommer konservieren!

TROCKNEN ODER ALS PESTO?

Manche Kräuter, wie z. B. Oregano (Foto links), haben getrocknet viel mehr Würzkraft als frisch. Auch mit Rosmarin, Thymian und Beifuß ist das so – alles Kräuter, die mitgekocht werden. Zum Trocknen ganze Kräuterstängel abschneiden, auf einem Backblech verteilen und bei 110 °C 12 bis 16 Stunden durchtrocknen lassen. Blättchen abstreifen und in Gläschen mit Schraubdeckel aufbewahren.

Länger haltbar sind Kräuter auch, wenn sie in Öl lagern und Sauerstoff ihnen nichts mehr anhaben kann. Das ist bei Pesto nicht anders, ob klassisch mit Basilikum oder mit Rucola, Bärlauch, Petersilie... Dazu kommen Knoblauch, Pinienkerne und eventuell Käse, wie auf unserem Rezept auf Seite 15, und fertig!

Tomaten-Brot-Salat

★★★ Resteküche auf Italienisch ★ für 2-3 Personen ★★★

Zutaten – einkaufen, ernten oder aus Vorrat

300 g Lieblingstomaten
50 g Rucola (etwa 1 Handvoll)
2 alte Brötchen (oder anderes Weißbrot)
Backpapier
30 ml Olivenöl
20 ml Weißweinessig
Salz & frisch gemahlener Pfeffer

Bereitstellen

Arbeitsstation / Einhänderbrett
kleiner Messbecher
Backblech & Backpapier
Schüssel

Abmessen

2 x 15 ml Olivenöl
20 ml Weißweinessig

Waschen & abtropfen lassen

Tomaten
Rucola

Brot vorbereiten

Backofen auf 200 °C vorheizen.
Backblech mit Backpaper auslegen.
Brötchen / Weißbrot in Würfel schneiden.
Brotwürfel auf das Backblech geben.
Mit einer Portion Olivenöl beträufeln.
Im heißen Backofen 6-8 Minuten backen.
Blech aus dem Ofen nehmen.
Etwas abkühlen lassen.

Schneiden

Die Tomaten fixiert kleinschneiden.

Salatsauce rühren

Salz, Pfeffer, Essig und das restliche Olivenöl miteinander verrühren oder verschütteln.

Mischen

Salatsauce, Tomaten, Rucola, Brotstücke in eine Schüssel geben.
Vorsichtig mischen und ggf. nachwürzen.

VARIATION 1: DER SATTMACHER

Rucola und Brot ersetzen durch:

- eine kleine Dose gekochte, weiße Bohnen
- 1 Dose Thunfisch in Öl
- 1 Zwiebel

Vorbereiten

Beide Dosen öffnen.
Weiße Bohnen in ein Sieb schütten.
Gut abspülen.
Das Öl aus der Thunfischdose abgießen.
Den Thunfisch grob zerteilen.
Eine Zwiebel fixiert schälen, in Ringe schneiden.
Bohnen, Thunfisch, Zwiebeln zu den Tomaten und der Salatsauce geben.
Kräftig abschmecken.

VARIATION 2: LOW CARB

Rucola und Brot ersetzen durch:

- 200 g grüne TK-Brechbohnen
- 3-4 Stängel Petersilie
- 1 Zwiebel

Vorbereiten

3 Liter Wasser mit 1 TL Salz erhitzen.
Bohnen darin 5 Minuten garen.
In ein Sieb schütten, mit kaltem Wasser abspülen und abtropfen lassen.
Petersilienblättchen abzupfen.
Mit einem Wiegemesser zerkleinern.
Eine Zwiebel fixiert schälen, in Ringe schneiden.
Bohnen, Petersilie und Zwiebel zu den Tomaten und der Salatsauce geben.
Säuerlich abschmecken.

Möhrenrisotto mit Salbei

★★★ für 2 Personen ★★★

Zutaten – einkaufen oder aus Vorrat

3 junge Möhren (etwa 200 g)
150 g italienischer Risotto-Reis,
z. B. Arborio oder Carnaroli
15-20 Salbeiblätter
400 ml heiße Gemüsebrühe (siehe S. 126)
1 kleine Zwiebel
3 EL Butter
1 EL Tomatenmark
100 ml trockener Weißwein
Salz & Pfeffer
3 EL frisch geriebener Parmesankäse

Bereitstellen

Arbeitsstation / Einhänderbrett
Küchenwaage
Messbecher
Alligator / Zwiebelhacker
1,5-Liter-Topf mit Stiel und Deckel
Schöpfkelle
kleine Pfanne

Abwiegen & -messen

150 g Risotto-Reis
400 ml Gemüsebrühe
100 ml trockener Weißwein

Waschen & abtropfen lassen

Möhren

Vorbereiten & schneiden

Von den Möhren die Enden abschneiden.
Nur wenn nötig, schälen.
Die Möhren in dünne Scheiben schneiden.
Zwiebel fixiert mit einem Messer schälen .
Mit dem Alligator oder Zwiebelhacker
zerkleinern.

Kochen

Im kleinen Topf 1 EL Butter erhitzen, aber
nicht braun werden lassen.
Zwiebeln und Möhren darin andünsten.
Den Reis in den Topf streuen.
Rühren, bis alle Reiskörner mit einem
Fettfilm überzogen sind.
Tomatenmark zugeben, unterrühren.
Alles mit dem Weißwein ablöschen.
So lange weiter köcheln lassen, bis
die Flüssigkeit fast verdampft ist.
Nach und nach mit einer Schöpf-
kelle die Gemüsebrühe zugießen.
Dabei weiter ab und zu rühren,
damit der Reis nicht ansetzt.
Wenn die Reiskörner nach
etwa 15 Minuten gar sind, 2 EL
Parmesankäse unterrühren .
Herd ausschalten.
Risotto mit Salz und Pfeffer
abschmecken.

Kurz abdecken.
Er soll feucht bleiben.

Salbei braten

In der Pfanne 2 EL Butter erhitzen.
Darin 15–20 Salbeiblätter braten.
Wenn die Blätter kross sind, aus der Pfanne nehmen.

Anrichten

Den Risotto auf zwei Tellern verteilen.
1 EL geriebenen Parmesan und die Salbeiblätter darüber verteilen.

Denkst du, Reis kocht sich von alleine? Nee, immer wieder rühren, sonst brennt er dir an!

RISOTTO-VARIATIONEN

(statt Möhren und Salbei)

- mit zartem Fenchel und Sahne (ohne Tomatenmark)
- mit Pfifferlingen und Speck
- mit Radicchio in Streifen, Pinienkernen und Rotwein, statt Parmesan Pecorino
- mit grünem Spargel und knusprigem Pancetta
- mit Spinat, Rosinen und Ziegenkäse

TIPP

Vom Risottoreis für zwei Portionen immer 150 g nehmen, dazu 500 ml Flüssigkeit (Brühe/ Wein)

Hähnchen-Kartoffel-Blech

★★★ mit Zucchini & Pesto ★ für 3-4 Portionen ★★★

Zutaten – einkaufen oder aus Vorrat

750 g festkochende, junge Kartoffeln
2 Zucchini
1/2 Bund Petersilie
5 Stiele Basilikum
1 Biozitrone (davon etwas von der Schale)
10 bis 12 Hähnchenteile
(Flügel, Keulchen und Brust von einem Brathähnchen)
80 ml Olivenöl
Meersalz & Pfeffer
30 g Parmesan

Wie soll ich denn mit einer Hand ein Hähnchen zerteilen?

Kauf lieber Flügel, Keulchen oder Brust schon zerteilt.

Bereitstellen

Arbeitsstation / Einhänderbrett
kleiner Messbecher
Backblech
elektrischer Multizerhacker

Abwiegen & -messen

zweimal 20 ml + einmal 40 ml Olivenöl
30 g Parmesan

Waschen & abtropfen lassen

Kartoffeln (sehr gründlich)
Zucchini
Petersilie & Basilikum

Vorbereiten & schneiden

Kartoffeln fixiert längs in gut 1 cm dicke Scheiben schneiden.
Von den Zucchini den Stiel entfernen.
In dicke Scheiben schneiden.
Das Backblech mit etwas extra Olivenöl einfetten (nicht mit dem abgemessenen).
Kartoffelscheiben darauf verteilen, salzen und pfeffern.
Mit 20 ml Olivenöl beträufeln.
Backofen auf 200 °C vorheizen.
Hähnchenteile auf den Kartoffeln verteilen.
Salzen und pfeffern.
Mit weiteren 20 ml Olivenöl beträufeln.

Im Ofen braten

Blech in die Mitte des heißen Ofens stellen.

Etwa 30 Minuten braten.

Ofen öffnen, Zucchinischeiben vorsichtig auf dem Blech verteilen.

Alles weitere 20 Minuten braten.

Pesto zubereiten

Petersilien- und Basilikumblätter von den Stängeln zupfen.

In den Multizerhacker geben.

Biozitrone auf der Arbeitsstation fixieren.

Mit einem kleinen, scharfen Messer zwei dünne Streifen Zitronenschale abschneiden.

Schale auch in den Multizerhacker geben.

40 ml Öl dazu, ebenso 1 knapper TL Meersalz und etwas Pfeffer.

Den Zerhacker schließen.

Alles zerkleinern und gut mixen.

Das Messer aus dem Zerhacker nehmen.

Parmesan in Brösel brechen und erst jetzt unter das Pesto mischen.

Anrichten

Blech aus dem Ofen nehmen.

Kartoffeln und Zucchini in einer Schüssel oder auf Tellern anrichten.

Das Pesto darauf verteilen.

Darauf die Hähnchenteile legen.

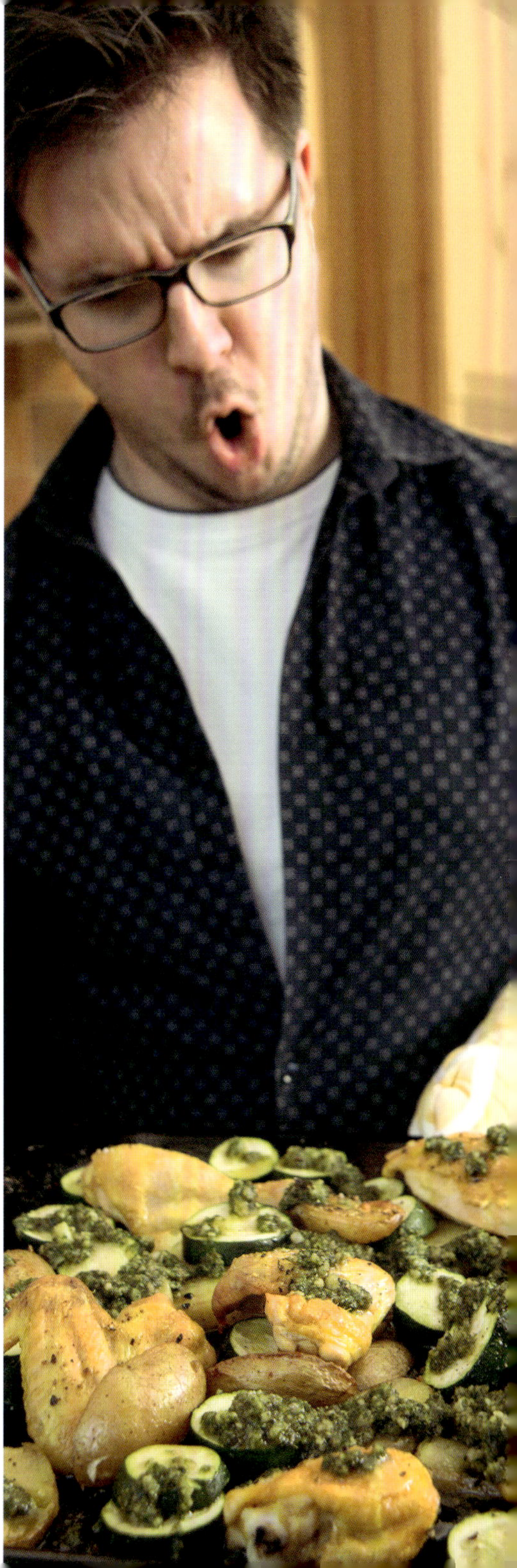

Schmorgurken

★★★ typisch Berlin & Brandenburg ★ für 2 Personen ★★★

Zutaten – einkaufen oder aus Vorrat

1 mittelgroße Schmorgurke
(grüne Gurke auch möglich)
2-3 EL Schinkenspeckwürfel
2 EL Feta
1/2 Bund Dill
2 Zwiebeln
20 ml Öl
2 EL Tomatenmark
Salz & Pfeffer

Bereitstellen

Arbeitsstation / Einhänderbrett
kleiner Messbecher
Alligator / Zwiebelhacker
Holzbrett & Wiegemesser
Schmorpfanne mit Deckel

Abmessen

20 ml Öl
100 ml Wasser

Waschen & abtropfen lassen

Schmorgurke, Dill

Vorbereiten & schneiden

Die Gurke fixieren und mit der Schälvorrichtung an der Arbeitsstation schälen.
Dann längs halbieren.
Von außen fixieren und mit einem Löffel die Kerne ausschaben.
Die Gurkenhälften jetzt quer in etwa 1 cm breite Stücke schneiden.
Zwiebeln fixiert schälen, halbieren.
Mit dem Alligator oder Zwiebelhacker zerkleinern.
Dillspitzen von den Stängeln zupfen.
Auf dem Holzbrett mit dem Wiegemesser fein wiegen.

Schmoren

In der Schmorpfanne das Öl erhitzen.

Speckwürfel darin bei mittlerer Hitze ausbraten.

Zwiebeln und Gurkenstücke zugeben und darin anbraten.

Tomatenmark und Feta zugeben und unterrühren.

Wasser dazugeben.

Alles zugedeckt bei geringer Hitze 10–15 Minuten schmoren.

Mit Salz und Pfeffer abschmecken.

Anrichten

Die Schmorgurken mit dem Dill bestreuen.

VARIATION: INDISCH

Zu den mit Speck und Zwiebeln angebratenen Schmorgurken 1 EL Senfkörner und 1–2 Esslöffel rote Currypaste einrühren.

Dann etwa 200 ml gehackte Tomaten dazugeben.

200 ml Kokosmilch angießen.

Nach dem Schmoren mit Salz und Pfeffer und zusätzlich mit asiatischer Fischsauce abschmecken.

Das Gurkencurry statt mit Dill mit Korianderblättchen bestreuen.

Clafoutis

★ ★ ★ Kuchen oder Auflauf? Französisch! ★ für 6 Portionen ★ ★ ★

Zutaten – einkaufen oder aus Vorrat

400 g Kirschen (frisch oder TK)
150 g Mehl
120 g Zucker
1 Tütchen Vanillezucker
250 ml Milch, 100 ml Sahne
1 Prise Salz
3 Eier
Butter für die Form
1-2 EL Puderzucker zum Darüberstreuen

Bereitstellen

Küchenwaage
großer Messbecher
Rührschüssel
Handmixer mit Rührbesen
Auflaufform, etwa 20 x 30 cm

Abwiegen & -messen

150 g Mehl
120 g Zucker
250 ml Milch
100 ml Sahne

Waschen & abtropfen lassen

frische Kirschen

Vorbereiten

Ofen auf 185 °C vorheizen.
Die Auflaufform mit Butter einfetten.
Eier aufschlagen.
Vanillezuckertütchen öffnen.

Teig rühren

Eier, Zucker, Vanillezucker und Salz in die Rührschüssel geben.
Alles mit dem Handmixer cremig rühren.
Milch und Sahne dazu, auch verrühren.
Nach und nach das Mehl unterrühren.

Backen

Hälfte vom Teig in die Auflaufform geben.
Darauf die Kirschen verteilen.
Dann die zweite Hälfte Teig über die Kirschen geben.
Alles 40-45 Minuten im heißen Ofen auf der mittleren Schiene backen, bis der Teig eine goldgelbe Farbe hat.

Puh, Kirschen sind viel Arbeit, oder?

Anrichten

Mit Puderzucker bestäuben und lauwarm servieren.

Nee, gar nicht: Frische Kirschen behalten den Stein, damit der Saft nicht ausläuft. Gefrorene Kirschen müssen nicht vorher aufgetaut werden.

Ran an den *Grill!*

Holzkohle in die Grillschale und angeschmissen, auch für einhändig arbeitende Grillmeister kein Problem! Für die ersten Versuche sollte der Grill nicht zu riesig sein, so lässt sich besser ausprobieren, wie das so läuft, es darf auch ein kleiner Kugelgrill sein. Wichtig ist immer, wo der Grill aufgebaut wird, es darf nichts Entflammbares in der Nähe sein!

ANZÜNDEN, ABWARTEN, LOSGRILLEN!

Den Grill etwa 30 Minuten früher anschmeißen, bevor der eigentliche Grillspaß beginnt.
Die Grillkohle gleichmäßig verteilen, sie sollte etwa fünf Zentimeter hoch und an allen Seiten fünf Zentimeter breiter liegen, als die Fläche, die das Grillgut auf dem Rost bedecken wird.
Das Feuerchen mit Hilfe von Grillanzünder in Gang bringen. Niemals Brennspiritus oder Benzin! Die Kohlen so lange brennen lassen, bis auf ihnen eine weiße Ascheschicht zu sehen ist.
Und dann kann' s auch schon losgehen.
Vielleicht erst mal mit Würsten probieren. Das nächste Mal Spareribs & Spieße, die brauchen etwas mehr Aufmerksamkeit. Hamburger & Steaks können auch auf den Rost. Was ihr unbedingt auch braucht: eine Grillzange mit langen Griffen. Ach ja, ausgebrannte Holzkohle erst entsorgen, wenn sie völlig ausgekühlt ist.

Spareribs

★★★ Vorkochen & Grillen ★ für 4 kleinere Portionen ★★★

Zutaten – einkaufen oder aus Vorrat

1 kg Spareribs (Schälrippchen vom Schwein)

Salz

1 kleine Zwiebel

1 Knoblauchzehe

10 ml Öl

100 ml dunkles Bier

20 ml Ketchup

1 EL Tomatenmark

1 TL Honig

1 TL scharfer Senf

10 ml Worcestersauße

1 TL edelsüßes Paprikapulver

Tabasco

Pfeffer aus der Mühle

Bereitstellen

Arbeitsstation / Einhänderbrett

3-Liter-Stieltopf

1,5-Liter-Stieltopf

Zwiebelhacker / Alligator

Knoblauchschlauch

kleiner & großer Messbecher

großes Küchensieb

Backpinsel

Abmessen

10 ml Öl

100 ml dunkles Bier

20 ml Ketchup

10 ml Worcestersauce

Vorbereiten

Die Rippchen auf der Arbeitsstation fixieren.

Mit einem großen Messer jeweils nach zwei Knochen durchschneiden.

Die Zwiebel schälen.

Vom Knoblauch mit dem Knoblauchschlauch die Schale entfernen.

Beides mit dem Zwiebelhacker kleinhacken oder im Alligator fein würfeln.

Rippchen vorkochen

Rippchen in den 3-Liter-Stieltopf geben.

Was bringt denn das, erst kochen und dann grillen?

Es dauert, bis rohe Rippchen auf dem Grill gar werden, die leckere Sauce würde garantiert verbrennen!

Mit dem Messbecher so viel Wasser auffüllen, bis die Rippchen bedeckt sind.

1 TL Salz dazu.

Wasser aufkochen und die Rippchen etwa 30 Minuten bei geringer Hitze köcheln lassen.

BBQ-Sauce vorbereiten

Öl im kleinen Topf erhitzen.

Zwiebel und Knoblauch darin hell anbraten.

Bier dazugießen.

Alles etwas einkochen lassen.

Ketchup, Tomatenmark, Honig, Senf und Worcestersauce zugeben und verrühren.

5 Minuten weiterköcheln lassen.

Topf vom Herd nehmen.

Die Sauce mit Paprikapulver, Salz, Tabasco und Pfeffer abschmecken.

Die Marinade abkühlen lassen.

Grillen

Die Rippchen aus dem Sud nehmen.

Im Sieb gut abtropfen lassen (Teller unterstellen!).

Abgetropfte Rippchen auf den heißen Grill legen.

BBQ-Sauce mit dem Backpinsel auf das Fleisch streichen.

15 Minuten knusprig grillen.

Öfter wenden.

Dabei immer wieder mit der restlichen Sauce bestreichen.

Halloumi-Paprika-Spieße

★★★ für 4-6 Spieße ★★★

Zutaten – einkaufen oder aus Vorrat

2 Halloumi-Käse à 300 g
2 rote Paprikaschoten
1 Päckchen TK-Kräuter italienisch
1 Gemüsezwiebel
2 Knoblauchzehen
1 Zitrone (davon den Saft)
100 ml Olivenöl
frisch gemahlener Pfeffer

Bereitstellen

Arbeitsstation / Einhänderbrett
Messbecher
Küchenschere
Knoblauchschlauch
Alligator
Schüssel
4 bis 6 lange Schaschlikspieße

Abmessen

100 ml Olivenöl

Waschen & abtropfen lassen

Paprikaschoten

Vorbereiten

Die Verpackungen vom Halloumi-Käse mit der Schere aufschneiden.
Halloumi aus der Packung nehmen.
Den Käse mit einem Messer in etwa 2,5 cm große Würfel schneiden.
Paprikaschoten längs vierteln.
Stielansatz und Kerne entfernen.
Die Paprikaviertel in Stücke, ungefähr so groß wie die Käsestücke, schneiden.
Gemüsezwiebel auf der Arbeitsstation fixieren.
Wurzeln und das andere Ende abschneiden, die Schale abziehen.
Die Zwiebel längs vierteln und in Stücke, ungefähr so groß wie die Käsestücke, schneiden.

Knoblauchzehen mit dem Knoblauchschlauch pellen und mit dem Alligator fein würfeln.

Knoblauch in eine Schüssel geben und mit den TK-Kräutern vermischen.

Zitrone halbieren und mit der Hand über den Kräutern auspressen.

Olivenöl zugeben und alles verrühren.

Käse- und Gemüsestücke in die Marinade legen.

Alles gut vermischen.

Abdecken und im Kühlschrank gut durchziehen lassen (2 Stunden oder über Nacht).

Aufspießen

Bevor es losgeht, die Holzspieße 30 Minuten in kaltes Wasser legen.

Die Halloumi- und Gemüsestücke abwechselnd auf Schaschlikspieße stecken.

Dafür die Stücke auf ein Brett legen.

Ein Stück mit dem Spieß aufpieken, hochschieben.

Dann das nächste Stück aufpieken, bis der Spieß voll ist.

Grillen

Die Spieße etwa 10 Minuten grillen.

Dabei häufig wenden und mit Marinade bestreichen.

Chimichurri –Salsa

★★★ Argentinische Kräutersalsa ★ für ein kleines Schraubglas ★★★

Zutaten – einkaufen oder aus Vorrat

1-2 Frühlingszwiebeln
1 Bund Koriander
1 Bund Petersilie
2 Knoblauchzehen
1 Zitrone (davon den Saft)
20 ml Weißweinessig
200 ml Olivenöl
2 Prisen Pul Biber (türkisches Chiligewürz, ersatzweise Rosenpaprika)
Salz & Pfeffer

Bereitstellen

Arbeitsstation / Einhänderbrett
kleiner & großer Messbecher
Knoblauchschlauch
Alligator
Holzbrett & Wiegemesser
kleine Schüssel

Abmessen

20 ml Weißweinessig
200 ml Olivenöl

Waschen & abtropfen lassen

Frühlingszwiebeln, Koriander, Petersilie

Vorbereiten & schneiden

Knoblauchzehen mit dem Knoblauchschlauch schälen.
Mit dem Alligator fein würfeln.
Von den Frühlingszwiebeln den Wurzelansatz und welkes Grün abschneiden.
Fixiert in feine Ringe schneiden.
Von den Koriander- und Petersilienstängeln die Blättchen zupfen.
Mit dem Wiegemesser auf dem Holzbrett zerkleinern.
Zitrone quer halbieren.

Beide Hälften über der Schüssel auspressen.

Mischen & abschmecken

Knoblauch, Frühlingszwiebeln und Kräuter zum Zitronensaft in die Schüssel geben.
Alles mit Weißweinessig und Olivenöl vermischen.
Mit Pul Biber, Salz und Pfeffer abschmecken.

Biersenf

★★★ Senfkörner 2 Tage vorher einweichen ★ für 2 kleine Schraubgläser ★★★

Zutaten – einkaufen oder aus Vorrat

60 g gelbe Senfkörner
30 g braune Senfkörner
50 ml dunkles Bier
Apfelessig
1 EL brauner Zucker
1 – 2 TL Honig
1/2 TL Pfeffer

Bereitstellen

kleiner Messbecher
kleine Schüssel
elektrischer Multizerhacker
Marmeladentrichter
2 kleine Schraubgläser

Abwiegen & abmessen

60 g gelbe Senfkörner
30 g braune Senfkörner
110 ml Apfelessig
50 ml dunkles Bier

Vorbereiten

Die Senfkörner in die Schüssel geben.
Mit dem Essig und Bier übergießen.
Die Schüssel abdecken.
Die Senfkörnen 48 Stunden einweichen.

Senf mischen & abschmecken

Die Senfkörner mit der Flüssigkeit in den Multizerhacker geben.
Alles grobkörnig zerkleinern.
Zucker, Honig und Pfeffer dazugeben.
Alles verrühren, den Senf abschmecken.
Wenn er zu dickflüssig ist, noch etwas Bier zugeben.

Aufbewahren

Senf in die Schraubgläser füllen.
Das klappt gut mit dem Marmeladentrichter.
Schraubgläser schließen und kühl stellen.

Couscous-Salat

★★★ für 4 – 6 Portionen ★★★

Zutaten – einkaufen oder aus Vorrat

200 g Instant Couscous

1 Salatgurke

2 Zwiebeln

1 Glas getrocknete (Kirsch-)Tomaten in Öl (oder schon vorgeschnittene)

1 Bund Petersilie

3 Stiele Minze

Salz & frisch gemahlener schwarzer Pfeffer

2 Zitronen (davon den Saft)

eventuell Olivenöl

Bereitstellen

Arbeitsstation / Einhänderbrett

Küchenwaage

Salatschüssel

Zwiebelhacker / Alligator

Holzbrett & Wiegemesser

kleines Sieb

Zitruspresse

Abwiegen

200 g Instant.Couscous

Waschen & abtropfen lassen

Petersilie, Minze

Vorbereiten & schneiden

Instant-Couscous in Salatschüssel geben.

Salatgurke an der Arbeitsstation schälen.

Geschälte Gurke fixieren, längs halbieren, dann vierteln.

Gurke quer in 1 cm breite Stücke schneiden.

Gurkenstücke zum Couscous geben.

Zwiebel auf der Arbeitsstation fixiert mit

einem Messer pellen und halbieren.

Mit dem Zwiebelhacker oder Alligator zerkleinern und zum Couscous geben.

Blätter von der Petersilie und Minze abzupfen und auf das Holzbrett geben.

Mit dem Wiegemesser zerkleinern.

Sieb in ein Glas hängen.

Öl von den Tomaten durchs Sieb abgießen und auffangen.

Tomaten und Kräuter zum Cosucous geben.

Zitronen quer halbieren.

Zitruspresse fixieren und die Zitronenhälften auspressen.

Mischen & abschmecken

Salat mit Zitronensaft, Salz & Pfeffer und etwa einem Drittel des Tomatenöls würzen.

Alles gut mischen.

Abdecken und im Kühlschrank durchziehen lassen, am besten über Nacht.

Eventuell am nächsten Tag noch weiteren Zitronensaft zugeben und nachwürzen.

Fruchtiges vom Rost

★★★ für 4 Personen ★★★

WASSERMELONE VOM GRILL

Zutaten – einkaufen oder aus Vorrat

1 Viertel von einer großen Wassermelone (oder halbe kleine)
2 EL Honig
1/2 Zitrone (davon den Saft)

Bereitstellen

Arbeitsstation / Einhänderbrett
großes Messer
Backpinsel

Vorbereiten & schneiden

Die Viertelmelone mit der Schnittfläche auf die Arbeitsstation legen.
Quer in 2 cm dicke Scheiben schneiden.
Die Schale dran lassen.
2 EL Honig in ein Schälchen geben.
Die halbe Zitrone darüber ausquetschen und mit dem Honig verrühren.

Grillen

Bei noch sehr heißer Glut Melonen besser an die Seite legen.
Melonenscheiben dünn mit der Honig-Zitronen-Sauce bestreichen – dafür den Backpinsel nehmen.
Die Scheiben auf dem Rost einmal wenden, aber nur so lange grillen, bis sie heiß sind. Das dauert 3-4 Minuten.

ERDBEER-MARSHMALLOW-SPIESSE

Zutaten – einkaufen oder aus Vorrat

24 große Erdbeeren

16 Marshmallows

8 lange Schaschlikspieße aus Holz

Bereitstellen

Arbeitsstation / Einhänderbrett

Küchenkrepp

Waschen & trocken tupfen

Erdbeeren (nur ganz kurz und vorsichtig), mit Küchenkrepp trocken tupfen.

Vorbereiten & schneiden

Bevor es losgeht, die Holzspieße 30 Minuten in kaltes Wasser legen.

Von den Erdbeeren die Stiele abschneiden.

Je 3 Erdbeeren und 2 Marshmallows abwechselnd auf die Spieße stecken (so wie bei den Halloumi-Spießen, S. 60).

An der oberen Seite etwas Platz zum Anfassen lassen.

Grillen

Die Spieße über die nicht mehr ganz so heiße Glut halten, bis die Marshmallows beginnen, braun zu werden.

TIPPS ZUM GRILLEN VON OBST

Gut schmecken Pfirsich- und Nektarinenhälften, frische Ananasscheiben, Äpfel und Birnen (halbiert) und Bananen.

Und Grillen am Spieß ist auch für Obst immer eine prima Idee, am besten bunt gemischt.

Hier passt auch die Honig-Zitronen-Marinade von den Wassermelonen.

Damit kein Obststückchen auf dem Grill in die Glut fällt, eventuell eine Grillschale benutzen.

Früchte besser am Rand grillen, damit sie nicht die volle Hitze abbekommen.

Kalte Ente

★ ★ ★ Party-Klassiker aus den 50er-Jahren ★ für knapp 3 Liter ★ ★ ★

Zutaten – einkaufen oder aus Vorrat

3 Biozitronen

1,5 l trockener, leichter Weißwein

1 Flasche trockener Sekt

1 Töpfchen oder Bund Zitronenmelisse

100 g Zucker

Mineralwasser mit Kohlensäure

Bereitstellen

Arbeitsstation / Einhänderbrett

Küchenwaage

Messbecher

1,5-Liter-Stieltopf

Zitruspresse

Bowlegefäß / große Schüssel

feines Sieb (z. B. Teesieb)

Kühlen

Weißwein und Sekt (2 bis 3 Stunden)

Abwiegen & abmessen

100 g Zucker

100 ml Wasser

1,5 l Weißwein

Waschen & abtrocknen

Zitronen (mit heißem Wasser waschen)

Zitronenmelisse

Vorbereiten & schneiden

An der Schälvorrichtung der Arbeitsstation von den Zitronen die Schale, wenn möglich, in einem Stück dünn abschälen.

Zitruspresse fixieren und die Zitronenhälften auspressen.

Im Stieltopf 100 ml Wasser mit dem Zucker aufkochen, bis er sich aufgelöst hat.

Abkühlen lassen.

20 Blätter von der Zitronenmelisse zupfen.

Bowle ansetzen

Die Zitronenschale in ein Bowlengefäß hängen / geben.

Weißwein dazu, 30 Min. ziehen lassen.

Den Zitronensaft durch das Sieb zum Weinansatz gießen.

Den kalten Sekt aufgießen, umrühren und mit Zuckersirup nach Geschmack süßen.

Evt. etwas kaltes Mineralwasser dazu.

Mit Melisseblättchen garnieren.

Erdbeer-Limetten-Bowle

★★★ ohne Alkohol ★ für gut 1,5 Liter ★★★

Zutaten – einkaufen oder aus Vorrat

500 g Erdbeeren
4 Biolimetten
4 Stiele Minze
1,25 l Ginger Ale
2-3 TL brauner Zucker
2 Handvoll crushed Eis

Bereitstellen

Arbeitsstation / Einhänderbrett
Messbecher
hoher Rührbecher
großer Glaskrug (für 2 Liter)

Kühlen

Ginger Ale (2 bis 3 Stunden)

Abmessen

1,25 l Ginger Ale

Waschen & abtropfen lassen

Erdbeeren
Biolimetten
Minze

Vorbereiten & schneiden

Von den Erdbeeren die Stiele abschneiden und dann vierteln.
Limetten fixiert jeweils längs halbieren.
In 6 Spalten schneiden.

Die Spalten dann nochmal quer halbieren.
Minzblätter von den Stielen zupfen.

Bowle ansetzen

Limettenstücke, Minzblätter und 2-3 TL braunen Zucker in den Rührbecher geben.
Alles mit einem Kochlöffel zerdrücken.
2 Handvoll crushed Eis in den Glaskrug füllen.
Darauf die Limetten-Minz-Mischung geben, ebenfalls die Erdbeeren.
Alles mit Ginger Ale auffüllen.

TIPP

Die Erdbeer-Limetten-Bowle schmeckt auch mit Umdrehungen.
Dann mit 300 ml Cachaça (Zuckerrohrschnaps) oder Wodka und nur 1 Liter Ginger Ale ansetzen.

Herbst

Backkartoffeln aus dem Ofen

★ ★ ★ für 2 Personen ★ ★ ★

Zutaten – einkaufen oder aus Vorrat

500 g vorwiegend festkochende, junge Kartoffeln
20 ml Olivenöl
1 TL Meersalz
Gewürze nach Geschmack, z. B. je 1 TL Kümmelsamen, Senfkörner, Türkisches Paprikagewürz

Bereitstellen

Arbeitsstation / Einhänderbrett
kleiner Messbecher
Backblech
Backpinsel

Abmessen

20 ml Olivenöl

Waschen & abtropfen lassen

Kartoffeln, gründlich

Vorbereiten & schneiden

Backofen auf 200 °C vorheizen.
Kartoffeln mit Schale längs halbieren.
Backblech mit dem Olivenöl einpinseln, darauf das Salz verteilen.
Die Schnittflächen der Kartoffelhälften nach Geschmack mit Kümmelsamen, Senfkörnern oder Paprikagewürz bestreuen.

Die Kartoffeln mit der gewürzten Seite nach unten auf dem Backblech verteilen.

Backen

Kartoffeln in der Mitte des Backofens 20–25 Minuten backen, bis sie weich sind.

Wieso eigentlich festkochende Kartoffeln?

Damit du keine mehligkochenden nimmst! Die sind für Püree und Klöße gut, festkochende für Back- und Bratkartoffeln, und auch für Kartoffelsalat.

WALNUSS-PAPRIKA-FRISCHKÄSE

Zutaten – einkaufen oder aus Vorrat

1 rote Paprikaschote (davon die Hälfte)
1 Packung Frischkäse (à 150 g)
8 Walnusskerne
1/2 TL getrockneter Thymian
1 Biozitrone (davon abgeriebene Schale)
Salz & Pfeffer

Bereitstellen

Arbeitsstation/ Einhänderbrett
kleine Pfanne, kleine Schüssel
Alligator zum Paprikawürfeln

Waschen & abtropfen lassen

Paprikaschote

Vorbereiten & schneiden

Walnusskerne in der Pfanne ohne Fett rösten, dann abkühlen lassen.
Walnusskerne fein hacken.
Paprikaschote längs vierteln, Stielansatz und Kerne entfernen.
Zwei der Viertel mit dem Alligator würfeln – oder fixiert auf der Arbeitsstation kleinschneiden.
Von der Zitrone an der Reibe der Arbeitsstation etwa 1/2 TL Schale abreiben.

Mischen & abschmecken

Frischkäse mit Paprikastückchen, gehackten Walnüssen, Zitronenschale und Thymian in die Schüssel geben und mischen.
Mit Salz und Pfeffer und abschmecken.

VARIATION

Schmeckt auch mit Basilikum und Zwiebel gut statt Paprika, Nüssen und Gewürzen.

Ist die Saat gut?

Dann kommt sie nächstes Jahr wieder.

Für den einen oder anderen klingt das, was Gärtner schon über Generationen gemacht haben, vielleicht altmodisch. Es geht aber auch um die Vielfalt – nicht nur von Tomatensorten –, die ihr damit bewahren helft. Auch von anderen alten, samenfesten Sorten, die oft besonders gut schmecken, haltbarer sind und die dadurch vermehrt werden können.

SAMEN GEWINNEN, SO GEHT'S

Nicht jede Tomate eignet sich zum Vermehren, es muss eine samenfeste Sorte sein. Wenn die Tomate aus der eigenen „Zucht" mit Biosamen stammt, klappt es bestimmt. Dafür eine Tomate halbieren und die Kerne mit dem glitschigen Inneren auslöffeln. Um sie zu reinigen, gibt es zwei Möglichkeiten:

A Die Samen mit dem Glibber in ein Schraubglas mit Wasser (Foto links) geben und vergären lassen, bis die Samen sich vom Glibber getrennt haben. Dann alles in ein Sieb geben und abspülen. Die Samen auf einem Teller trocknen.

B Die Samen in ein Sieb geben und abspülen, ein bisschen Glibber wird jedoch dranbleiben. Auf Küchenkrepp trocknen lassen, am Besten an der Heizung, damit nichts schimmelt.

Gut getrocknete Samen in Papiertütchen aufbewahren.

Fischcurry

★★★ ein Hauch Indien ★
für 3 Personen ★★★

Zutaten – einkaufen oder aus Vorrat

450 g Kabeljaufilet
1 rote Paprikaschote
3 Frühlingszwiebeln
2 cm Ingwerwurzel
1 Dose Kokosmilch
(à 400 ml mit Ringverschluss)
3-4 Stängel Koriander
1 Limette (davon den Saft)
20 ml Öl
1-2 EL rote Currypaste
20 ml Fischsauce
Salz
Zucker

Bereitstellen

Arbeitsstation/ Einhänderbrett
kleiner Messbecher
Alligator
Schmorpfanne mit Deckel

Abmessen

20 ml Öl
20 ml Fischsauce

Waschen & abtropfen lassen

Paprikaschote
Frühlingszwiebeln
Koriander

Vorbereiten & schneiden

Paprikaschote putzen und in etwa 2 cm große Stücke schneiden.
Von den Frühlingszwiebeln Wurzelansatz und welkes Grün entfernen und in Ringe schneiden.
Ingwer fixieren und schälen.
Mit dem Alligator fein würfeln oder fixiert in dünne Scheiben schneiden und dann kleinhacken.
Korianderblättchen von den Stängeln zupfen.
Kokosmilchdose öffnen.
Limette halbieren.
Das Kabeljaufilet in etwa 3 Zentimeter große Streifen schneiden.

Kochen

Das Öl in der Schmorpfanne erhitzen und die Frühlingszwiebeln darin kurz anbraten.

Die Currypaste einrühren, Kokosmilch, Ingwer und Paprika dazugeben und alles aufkochen lassen.

Den Fisch zufügen und 7-8 Minuten bei schwacher Hitze mit geschlossenem Deckel garziehen lassen.

Den Saft aus einer halben Limette mit der Hand über das Fischcurry pressen.

Alles mit Fischsauce, 1 Prise Zucker und eventuell etwas Salz und abschmecken.

Wenn noch Säure fehlt, dann auch die zweite Limettenhälfte auspressen.

Anrichten

Das Curry mit Korianderblättchen bestreuen.

Mexikanisches Rinderragout

★★★ mit Schokolade! ★ für 4 Personen ★★★

Zutaten – einkaufen oder aus Vorrat

750 g Rindergulasch
60 g Edelbitter-Schokolade
(mindestens 70 % Kakao)
40 ml Öl
2 Zwiebeln
2 Knoblauchzehen
1 frische, rote Chilischote
2 EL Tomatenmark
300 ml Rotwein
150 ml Brühe (siehe S. 126)
1 EL edelsüßes Paprikapulver
1/2 TL getrockneter Oregano
Salz & Pfeffer
2-3 EL Crème fraîche

Bereitstellen

Arbeitsstation / Einhänderbrett
kleiner & großer Messbecher
Alligator / Zwiebelhacker
Knoblauchschlauch
Holzbrett & großes Messer
Schmorpfanne mit Deckel
tiefer Teller

Abmessen

40 ml Öl
300 ml Rotwein
150 ml Brühe

Waschen & abtropfen lassen

Chilischote

Vorbereiten & schneiden

Zwiebeln auf der Arbeitsstation fixiert schälen und halbieren.

Zwiebelhälften mit dem Alligator oder Zwiebelhacker zerkleinern.

Knoblauch mit dem Schlauch schälen und mit einem Messer andrücken.

Die Chilischote auf der Arbeitsstation fixiert halbieren, entkernen und quer in dünne Streifen schneiden.

Schokolade auf dem Holzbrett mit dem großen Messer grob hacken.

Anbraten & schmoren

In der Schmorpfanne das Öl erhitzen.

Rindfleischstücke in 2 bis 3 Portionen braun anbraten.

Jede fertig gebratene Portion aus der Pfanne nehmen und zwischendurch auf einen tiefen Teller tun.

Alles Fleisch vom Teller wieder in die Pfanne geben.

Mit Paprika, Oregano, Salz und Pfeffer würzen.

Zwiebeln und Knoblauch zugeben und ebenfalls mitbraten.

Tomatenmark, Rotwein sowie die Brühe angießen und alles etwa 1 Stunde zugedeckt schmoren lassen.

Wenn das Fleisch gar ist, die Schokoladenstücke unter das Ragout rühren und schmelzen lassen.

Auch die Chilistreifen zugeben.

Ragout nochmals abschmecken.

Wer mag, rührt noch Crème fraîche unter.

PASST ZU

Süßkartoffelpüree, Gnocchi, Nudeln, Kartoffeln und Reis.

Vier Portionen? Die schaffe nicht mal ich!

Du kannst ja Freunde dazu einladen oder den Rest einfrieren.

Tomaten für später

★★★ für je 1 kleines Schraubglas ★★★

OFENGETROCKNETE TOMATEN

Zutaten – einkaufen, ernten oder aus Vorrat

250 g Kirschtomaten
Olivenöl, grobes Meersalz
1 TL Thymianblättchen
Backpapier für ein Backblech

Bereitstellen

Arbeitsstation / Einhänderbrett
Backblech
kleineres Schraubglas

Waschen & abtropfen lassen

Tomaten

Vorbereiten & schneiden

Backofen auf 95 °C vorheizen.
Tomaten fixieren und halbieren.
Backblech mit Backpapier auslegen und wenig Olivenöl darauf verteilen.
Die Tomatenhälften mit der Schnittfläche nach oben auf dem Blech verteilen.
Sparsam mit Meersalz und Thymianblättchen bestreuen, weil sich beim langsamen Ofentrocknen die Aromen verstärken.

Im Ofen trocknen

Das Blech in den Ofen schieben.
Die Tomaten 4–5 Stunden trocknen lassen.
Dabei die Ofentür nicht ganz schließen und einen Holzlöffel dazwischen stecken.
Wenn die Tomaten ok sind, aus dem Ofen nehmen und auskühlen lassen.

Aufbewahren

Tomaten in ein Schraubglas füllen.
Mit ausreichend Olivenöl bedecken (damit keine Luft rankommt), verschließen und im Kühlschrank aufbewahren.
Wenn die Tomaten aufgegessen sind, das Tomatenöl auf Brot essen. Lecker!

TOMATENKETCHUP

Selbst gemacht hat er nicht so viel Zucker!

Zutaten – einkaufen oder aus Vorrat

1 frische, rote Chilischote
1 Dose geschälte Tomaten
(400 ml, mit Ringverschluss)
1 kleine Zwiebel
1 Knoblauchzehe
20 ml Olivenöl
3 EL Tomatenmark
1 EL Currypulver
250 ml Gemüsebrühe (siehe S. 126)
2 EL Honig
1 EL brauner Rohrzucker
20 ml weißer Balsamessig
Salz & Pfeffer

Bereitstellen

Arbeitsstation / Einhänderbrett
kleiner & großer Messbecher
Knoblauchschlauch
Alligator / Zwiebelhacker
Pfanne
Rührbecher
Pürierstab

Abmessen

je 20 ml Olivenöl + weißer Balsamessig
250 ml Gemüsebrühe

Waschen & abtropfen lassen

Chilischoten

Vorbereiten & schneiden

Chilischote fixiert längs halbieren, entkernen und quer in dünne Streifen schneiden.
Knoblauch mit dem Knoblauchschlauch pellen.
Zwiebel schälen und halbieren.
Knoblauch und Zwiebelhälften mit dem Alligator oder Zwiebelhacker zerkleinern.
Tomatendose öffnen.

Kochen

In der Pfanne das Olivenöl erhitzen.
Chilistreifen, Zwiebel und Knoblauch darin leicht anbraten.
Tomatenmark zugeben.
1 EL Currypulver überstäuben und anschwitzen lassen.
Mit der Gemüsebrühe ablöschen.
Tomaten, Honig, Rohrzucker und Balsamessig zugeben.
Alles offen köcheln lassen, bis die Sauce dicklich ist.
Zum Schluss die Ketchup-Sauce in einen hohen Rührbecher umfüllen mit dem Pürierstab pürieren. Mit Salz und Pfeffer abschmecken.

Aufbewahren

Wenn der Ketchup nicht gleich verbraucht wird, nochmal erhitzen und heiß in ein oder zwei Schraubgläser füllen.
Zugeschraubt abkühlen lassen und im Kühlschrank aufbewahren.

Pasta mit getrockneten Tomaten

★ ★ ★ vielleicht aus eigenem Vorrat? ★ für 2 Portionen ★ ★ ★

Zutaten – einkaufen oder aus Vorrat

20 getrocknete, in Öl eingelegte Kirschtomaten

1/2 Bund Petersilie

160-200 g Pasta (je nach Appetit, z. B. Spaghetti oder Penne)

Olivenöl (darf auch das Tomatenöl sein)

2 Knoblauchzehen

1 TL Korianderkörner

1/2 TL zerkleinerte, getrocknete Chilis

Salz & Pfeffer

Bereitstellen

Arbeitsstation / Einhänderbrett

Küchenwaage

kleiner & großer Messbecher

Abtropfsieb

Knoblauchschlauch

schwerer Mörser

Wiegemesser & Holzbrett

3-Liter-Topf mit Stiel und Deckel

Pfanne

Abwiegen & abmessen

160-200 g Pasta (je nach Hunger)

20 ml Olivenöl

2 l Wasser

Waschen & abtropfen lassen

Petersilie

Vorbereiten & schneiden

Knoblauch mit dem Schlauch pellen.

Mit dem Messerrücken anquetschen.

Die Korianderkörner im Mörser grob zerstoßen.

Petersilienblättchen von den Stängeln zupfen.

Auf dem Holzbrett mit dem Wiegemesser zerkleinern.

Den Stieltopf mit 2 l Wasser füllen.

Zubereiten

Wasser mit 2 TL Salz zum Kochen bringen.

Die Nudeln in das kochende Wasser geben und „al dente“ (schon weich, aber noch mit Biss) kochen.

Danach im Sieb abgießen.

Die Nudeln zurück in den Topf geben.

Etwas Öl zufügen.

Den Topf mit einem Deckel verschließen.

In der Pfanne das abgemessene Olivenöl erhitzen.

Knoblauch, Tomaten, Koriander und Chilis darin etwa 3 Minuten andünsten.

Pasta auch in die Pfanne geben.

Ebenso die Hälfte der Petersilie.

Alles vermengen.

Mit Salz und Pfeffer abschmecken.

Anrichten

Die Pasta mit der restlichen Petersilie bestreut servieren.

TIPPS

Wer mag, brät auch noch 1 EL kleine Kapern und /oder 1 Handvoll grob gehackte Walnüsse in der Pfanne mit.

Apfelmus

★ ★ ★ für 6 Portionen ★ ★ ★

Zutaten – einkaufen oder aus Vorrat

1 kg säuerliche Äpfel
(z. B. Boskop oder Elstar)

1 Biozitrone

4–5 EL Zucker

1 Zimtstange

Bereitstellen

Arbeitsstation / Einhänderbrett

kleiner Messbecher

3-Liter-Topf mit Stiel

Passiermühle (Flotte Lotte, ersatzweise einen Kartoffelstampfer)

Waschen & abtropfen lassen

Äpfel

Biozitrone

Abmessen

50 ml Wasser

Vorbereiten & schneiden

Äpfel an der Arbeitsstation fixieren und vierteln.

Jedes Viertel nochmal quer halbieren.

Wer keine Passiermühle hat, sollte die Äpfel auch schälen, entkernen und dann fixiert an der Arbeitsstation kleinschneiden.

Biozitrone an der Arbeitsstation fixieren.

Ein Stückchen Schale abschneiden.

Die Zitrone quer halbieren.

Kochen

Apfelstücke mit Wasser in den 3-Liter-Topf geben.

Zitronenschale, Zimtstange und Zucker dazugeben.

Von den Zitronenhälften den Saft mit der Hand über dem Topf ausquetschen und mit den Apfelstücken verrühren.

Alles aufkochen und zugedeckt etwa 15 Minuten köcheln lassen.

Zimtstange und Zitronenschale herausnehmen.

Apfelstücken mit Saft in die Passiermühle geben und passieren.

Oder geschälte und entkernte Äpfel mit einem Kartoffelstampfer zerdrücken.

Apfel-Tiramisu

Zutaten – einkaufen oder aus Vorrat

250 g-Packung Mascarpone
250 g-Packung vollfetter Joghurt (10 %)
250 g Apfelmus (eventuell selbst gemacht)
200 g Löffelbiskuits
20 ml Calvados (oder Weinbrand)
200 ml Apfelsaft
70 g Zucker, 1 EL Vanillezucker
1/2 TL Zimt
1/2 Zitrone (davon den Saft)
1 EL Kakaopulver

Bereitstellen

Küchenwaage
kleiner & großer Messbecher
Rührschüssel
Schneebesen oder Handmixer
Auflauf- oder Springform
Frischhaltefolie

Abwiegen & -messen

250 g Apfelmus
70 g Zucker
20 ml Calvados
200 ml Apfelsaft.

Verrühren & mischen

Mascarpone und Joghurt in die Rührschüssel geben und mit dem Schneebesen oder Handmixer gut verrühren.
Apfelmus, Zucker, Zimt, Vanillezucker dazugeben und unterrühren.
Aus der halben Zitrone den Saft mit der Hand über der Rührschüssel auspressen und ebenfalls unterrühren.
Den Calvados zum Apfelsaft geben (schmeckt aber auch ohne Alkohol).

Schichten & kühlen

In die Auflaufform Löffelbiskuits legen.
Großzügig mit der Apfelsaft-Calvados-Mischung beträufeln.
Darüber eine Schicht Mascarpone-Apfelmus-Creme verteilen.
Ein- bis zweimal wiederholen, mit der Creme aufhören.
Das Tiramisu mit Frischhaltefolie abdecken.
Im Kühlschrank einen halben Tag durchziehen lassen.

Anrichten

Das Tiramisu mit Kakaopulver betreuen.

Gruselparty

Am 31. Oktober ist Halloween!

Das Buffet richtet ihr auf einem großen, schwarzen Tuch an, über das Spinnen – natürlich aus Plastik – durch Herbstlaub krabbeln. 4, 8 oder 16 Gäste einladen? Wer im Ausrichten von Partys nicht so geübt ist, hat genug mit der Bewirtung von vier Leuten zu tun. Oder fragt, wer mithelfen kann. Und später? Tanzen oder einen gruseligen Film schauen!

TIPPS FÜR DIE VORBEREITUNG

Zwei Tage vor der Party:
Kürbissuppe kochen, Getränke kalt stellen, auch an Mineralwasser denken.
Wie sieht's mit Gläsern – zum einen für die Mixgetränke, zum anderen für Wasser – aus?
Sind genug tiefe Teller für die Suppe da?

Ein Tag vorher: Buletten braten, Maden-Reis-Salat zubereiten, Gruselfinger backen.

Party-Vormittag: Mixgetränke zubereiten, Paprika-Spinnenbeine schneiden, Apfelspalten für die Zombie-Gebisse schneiden und in Zitronenwasser legen, damit sie nicht braun werden.

Bevor die Gäste kommen: Buffet aufbauen, Buletten mit Paprika-Spinnenbeinen dekorieren, Zombie-Gebisse fertigmachen.

Riesenspinnen-Buletten

★★★ für 4 Personen ★★★

Zutaten – einkaufen oder aus Vorrat

500 g gemischtes Hackfleisch
1 rote und 1 grüne Paprikaschote
1 Tüte kleine Mozzarellakugeln
1 kleines Glas Kapern
1 Brötchen vom Vortag oder
2 Toastbrotscheiben
1 Zwiebel
1 Ei
Salz & Pfeffer
1/2 TL getrockneter Majoran
Öl zum Braten

Bereitstellen

Arbeitsstation / Einhänderbrett
2 kleine Schüsseln
Alligator / Zwiebelhacker
Rührschüssel
Elektrischer Handmixer
(bei Bedarf)
Bratpfanne
Pfannenwender
Servierplatte / großer Teller

Abmessen

100 ml lauwarmes Wasser

Waschen & abtropfen lassen

Paprikaschoten

Vorbereiten & schneiden

Spinnenbeine: Paprikaschoten längs vierteln, Kerne und Trennwände entfernen.
Viertel längs in dünne Streifen schneiden.

Augen: Mozzarellatüte aufschneiden, Flüssigkeit wegschütten.
Mozzarellakugeln halbieren und in eine kleine Schüssel geben.

Körper: Brötchen oder Toastbrot in die andere kleine Schüssel geben.
Mit dem lauwarmen Wasser übergießen und durchweichen lassen.
Zwiebel schälen, halbieren.
Mit dem Alligator oder Zwiebelhacker fein zerkleinern.
Das Hackfleisch in die Rührschüssel geben.
Zwiebeln zum Hackfleisch geben.
Brötchen- oder Toastscheiben gut ausdrücken und zum Hackfleisch geben.
Ei am Rand der Rührschüssel vorsichtig aufschlagen.
Zum Hackfleisch geben.
Alles mit Salz & Pfeffer und Majoran kräftig würzen.
Mit einer Hand oder dem elektrischen Handmixer zu einem geschmeidigen Fleischteig vermengen.

Aus der Fleischmasse mit der feuchten Hand 4-5 cm große Fleischbälle formen.

Braten

In der Bratpfanne etwas Öl erhitzen.

5 – 6 Buletten (je nach Größe) in die Pfanne setzen und ein wenig flachdrücken.

Bei starker Hitze anbraten.

Nach etwa 2 Minuten die Hitze reduzieren.

Wenn die Unterseite der Buletten braun ist, mit dem Pfannenwender die Buletten wenden und auf der anderen Seite braten.

Wenn die Buletten gar und von beiden Seiten braun sind, aus der Pfanne nehmen. Die restlichen Buletten ebenso braten.

Dekorieren & anrichten

An jede Bulette pro Seite 4 Paprikastreifen als Spinnenbeine anstecken.

Grüne und rote Streifen abwechseln.

Auf eine Servierplatte setzen.

Auf jede Bulette 2 Mozzarellahälften als Augen aufsetzen.

Auf jedes Auge kommt noch eine Kaper.

Kürbis-Apfel-Suppe

★★★ mit Gespenstern ★ für 4 Personen ★★★

Zutaten – einkaufen oder aus Vorrat

1 kleinerer Hokkaido-Kürbis (max. 600 g)
1 Zwiebel
2 säuerliche Äpfel
2 EL Butter
1 EL Zucker, Salz & Pfeffer
30 ml Apfelessig
400 ml Gemüsebrühe (siehe S. 126)
4 EL Sahne
8 Kürbiskerne

Bereitstellen

Arbeitsstation / Einhänderbrett
3-Liter-Topf mit Stiel und Deckel
kleiner & großer Messbecher
Alligator / Zwiebelhacker
Pürierstab

Abmessen

1 l + 500 ml Wasser
30 ml Apfelessig
400 ml Gemüsebrühe (siehe S. 126)

Kürbis vorgaren

1 l Wasser im Topf aufkochen lassen.
Den Kürbis vorsichtig in den Topf legen.
Feuer aus, Deckel drauf.
Den Kürbis im heißen Wasser mindestens 30 Minuten ziehen lassen.
Wasser aus dem Topf gießen, Kürbis etwas abkühlen lassen und herausnehmen.
Er hat jetzt eine weichere Schale und lässt sich auch mit einer Hand zerteilen.

Vorbereiten & schneiden

Zwiebel schälen, mit dem Alligator oder Zwiebelhacker zerkleinern.
Äpfel fixieren und vierteln, schälen, entkernen und kleinschneiden.
Kürbis halbieren.
Die Hälften nacheinander in der Arbeitsstation einspannen.
Kerne mit einem Esslöffel herauslöffeln.
Das Kürbisfleisch – mit Schale – in 2-3 cm große Stücke schneiden.

Kochen

Im Topf die Butter schmelzen lassen.
Die Zwiebeln darin bei mittlerer Hitze etwas andünsten.
Kürbis-, Apfelstücke und 1 EL Zucker zugeben.
Alles ein paar Minuten weiterdünsten.
Mit Salz und Pfeffer würzen.
Essig, Gemüsebrühe und 500 ml Wasser zugießen. Alles aufkochen lassen.
Deckel drauf und 20 Minuten bei geringer Hitze köcheln lassen.
Die Suppe mit dem Pürierstab fein pürieren, eventuell nachwürzen.

Anrichten

Die Suppe in vorgewärmte Teller verteilen.

Auf jede Portion 1 EL Sahne geben.

Mithilfe eines Löffels kleine Gespenster daraus „malen".

Jeweils 2 Kürbiskerne als Augen auflegen.

GRUSELFINGER

Zutaten – einkaufen oder aus Vorrat

3 Platten Blätterteig
Mandelblättchen
100 g fein geriebener Käse
1 Ei
edelsüßes Paprikapulver, Salz & Pfeffer
1 Bogen Backpapier

Bereitstellen

Arbeitsstation / großes Küchenbrett
hohe Tasse
Quirl (oder eine Gabel)
Backpinsel
Backblech

Vorbereiten & schneiden

Backofen auf 200 °C vorheizen.

Backblech mit Backpapier auslegen.

Die Blätterteigplatten nebeneinander auf der Arbeitsstation oder dem Brett auftauen lassen.

Ei aufschlagen, in die Tasse geben, verquirlen.

Blätterteigplatten mit dem Ei einstreichen.

Mit Paprika, Käse, Salz & Pfeffer bestreuen.

Jede Platte in etwa 10 Streifen schneiden.

An ein Ende nochmals etwas Ei geben.

Mandelblättchen als Fingernagel aufsetzen.

Die Streifen auf das Backblech legen.

Backen

Im heißen Ofen etwa 20 Minuten backen.

Madiger Reissalat

★★★ Huuh, gleich bewegen die Maden sich ★ für 4 Personen ★★★

Zutaten – einkaufen oder aus Vorrat

150 g Wildreismischung
1 Dose Thunfisch in Öl (mit Ringverschluss)
1 rote Paprikaschote
1 Frühlingszwiebel
3 EL Mayonnaise
1 EL Zucker
20 ml Weißweinessig
1 EL süß-scharfe Chilisauce
Salz & Pfeffer

Bereitstellen

Arbeitsstation / Einhänderbrett
großer & kleiner Messbecher
1,5-Liter-Topf mit Stiel und Deckel
Küchensieb, Salatschüssel
Alligator

Waschen & abtropfen lassen

Paprikaschote
Frühlingszwiebel

Abmessen

1 l Wasser
20 ml Weißweinessig

Reis kochen

Das Wasser in den Topf geben.
1/2 TL Salz dazu, alles aufkochen lassen.
Den Reis in das kochende Wasser geben.
Die Hitze reduzieren.
Zugedeckt etwa 15 Minuten garen lassen.
Reis ins Sieb schütten.
Das Wasser abgießen.
Den Reis abkühlen lassen.

Vorbereiten & schneiden

Paprikaschote putzen, längs vierteln und im Alligator fein würfeln.

Von der Frühlingszwiebeln den Wurzelansatz und welkes Grün entfernen und in feine Ringe schneiden.

Thunfischdose öffnen.

Salatsauce rühren

Mayonnaise, Zucker, Chilisauce, Salz und Pfeffer verrühren.

Mischen & abschmecken

Reis, Paprika, Frühlingszwiebel, Thunfisch mit Öl in die Salatschüssel geben.

Mit der Salatsauce gut mischen.

Kalt stellen.3 Stunden durchziehen lassen.

Nochmal abschmecken.

Anrichten

Für Halloween passt eine kleine Plastikspinne als Dekoration.

Zombie-Gebisse

★★★ für 4–8 Gebisse ★★★

Zutaten – einkaufen oder aus Vorrat

1 grüner Apfel

1 Tüte geschälte Mandeln

Erdnusscreme

1 Zitrone (davon den Saft)

Bereitstellen

Arbeitsstation / Einhänderbrett

Apfelschneider

kleine Schüssel

Servierteller

Waschen & abtropfen lassen

Apfel

Vorbereiten & schneiden

Schüssel bis zur Hälfte mit Wasser füllen.

Zitrone halbieren, den Saft mir der Hand in die Schüssel pressen.

Apfel mit dem Apfelschneider in Spalten schneiden.

Apfelspalten kurz ins Zitronenwasser legen, damit sie nicht so schnell braun werden.

Jeweils auf einer Seite die Apfelspalten ziemlich dick mit Erdnussbutter bestreichen.

Anrichten

Die Apfelspalten zusammenklappen.

Dazwischen jeweils ein paar Mandeln als Zähne legen.

Bloody Nick & co

★ ★ ★ blutrot leuchtend ★ ★ ★

BLOODY NICK für 4 Drinks

Zutaten – einkaufen oder aus Vorrat

240 ml leichter Rotwein
120 ml roter Fruchtsaft (Granatapfel oder Kirsche)
40 ml Tequila
25 ml Lime Juice
8 + 4 Eiswürfel
sprudliges Mineralwasser
4 kleine, schwarze Plastikspinnen

Bereitstellen

kleiner & großer Messbecher
Krug zum Mischen
4 Martini-Gläser

Abmessen

240 ml Rotwein
120 ml Fruchtsaft
40 ml Tequila
25 ml Lime Juice

Mixen & anrichten

Rotwein, Fruchtsaft, Tequila und Lime Juice mit 8 Eiswürfeln in den Krug geben.
Gut umrühren, dann die Eiswürfel aus dem Krug nehmen.
In jedes Martini-Glas einen frischen Eiswürfel. geben.
Den Drink aus dem Krug in den 4 Gläsern verteilen.
Die Gläser mit Mineralwasser auffüllen.
Mit einer kleinen, schwarzen Plastikspinne dekorieren.

ZAUBERTRANK für gut 2 Liter

Zutaten – einkaufen oder aus Vorrat

1 l klarer Apfelsaft
1 l weißer Traubensaft
100 ml Ingwersirup
Fruchtgummitiere (Frösche, Regenwürmer)

Bereitstellen

Bowlegefäß / großer Glaskrug
Messbecher

Kühlen

Säfte 2-3 Stunden gut kühlen.

Abmessen

100 ml Ingwersirup

Mischen & anrichten

Apfelsaft und Traubensaft nacheinander in das Bowlegefäß oder den Glaskrug füllen.
Ingwersirup zugießen, alles umrühren.
In jedes eingegossene Glas kommt ein Gummitier als Deko.

Winter

Kartoffelsuppe „SM“

★ ★ ★ S für Senf, M für Meerrettich ★ für 3 Personen ★ ★ ★

Zutaten – einkaufen oder aus Vorrat

250 g Kartoffeln (mehligkochende)
1 frisches Suppengrün
(oder 2 Päckchen TK-Suppengrün)
1 kleine Zwiebel
750 ml Gemüsebrühe (siehe S. 126)
10 ml Öl
100 ml Sahne
Salz & Pfeffer
1 TL Senf (oder mehr)
1 TL Meerrettich (oder mehr)

Bereitstellen

Arbeitsstation / Einhänderbrett
Alligator / Zwiebelhacker
3-Liter-Topf mit Stiel und Deckel
kleiner & großer Messbecher
Pürierstab

Waschen & abtropfen lassen

Kartoffeln, Möhre, Sellerie, Porree

Abmessen

10 ml Öl
750 ml Gemüsebrühe
100 ml Sahne

Vorbereiten & schneiden

Kartoffeln und Sellerie schälen, beides in etwa 2 cm große Stücke schneiden.
Möhren schälen und in Scheiben schneiden.
Das welke Äußere vom Lauch entfernen.
Den geputzten Lauch in Ringe schneiden.
Oder das TK-Suppengrün öffnen.
Zwiebel schälen und im Alligator oder Zwiebelhacker zerkleinern.

Kochen

Das Öl im Topf erhitzen und die Zwiebelstücke darin andünsten.
Kartoffeln und Gemüse zugeben und kurz mitdünsten.
Mit der Brühe auffüllen.
Etwa 25 Minuten zugedeckt köcheln lassen.
Danach mit Salz und Pfeffer würzen.
Kartoffelsuppe mit dem Pürierstab pürieren.
Dann die Sahne zugeben und verrühren.
Die Suppe nochmal erhitzen.
Mit jeweils mindestens 1 TL Senf und 1 TL Meerrettich so scharf abschmecken, wie man mag.

Pastinakencreme

★★★ mit orientalischem Touch ★ für 3 Personen ★★★

Zutaten – einkaufen oder aus Vorrat

500 g Pastinaken
1 kleine Zwiebel
1 Knoblauchzehe
750 ml Gemüsebrühe (siehe S. 126)
100 ml Sahne
10 ml Öl
2 EL Butter
1 TL gemahlener Koriander
1/2 TL Kurkuma
1/4 TL Kreuzkümmel
1/4 TL Cayennepfeffer
Salz & Pfeffer

Bereitstellen

Arbeitsstation / Einhänderbrett
Alligator / Zwiebelhacker
Knoblauchschlauch
3-Liter-Topf mit Stiel und Deckel
kleiner Messbecher
großer Messbecher
Pürierstab
kleine Pfanne

Waschen & abtropfen lassen

Pastinaken

Abmessen

750 ml Gemüsebrühe
100 ml Sahne
10 ml Öl

Vorbereiten & schneiden

Pastinaken schälen, längs halbieren und in etwa 1 cm dicke Scheiben schneiden.
Zwiebel schälen und im Alligator oder Zwiebelhacker zerkleinern.
Knoblauch mit dem Knoblauchschlauch schälen und fixiert in feine Scheiben schneiden.

Kochen

Butter im Topf zerlassen, die Pastinaken und Zwiebel darin andünsten.
Koriander, Kreuzkümmel, Kurkuma und Cayennepfeffer zufügen, kurz anschwitzen.
Dann die Brühe zugießen, salzen, pfeffern.
Zugedeckt etwa 30 Minuten köcheln lassen, bis die Pastinaken weich sind.
Suppe fein pürieren.
Die Sahne zufügen.
Nochmals erhitzen und abschmecken.

Anrichten

Öl in der Pfanne erhitzen, Knoblauchscheiben und Senfkörnern darin anrösten, bis die Körner anfangen zu springen.
Über die Suppe geben, sofort servieren.

Grünkohlsalat mit Cranberries

★ ★ ★ Vitamin-C-Bombe ★ für 3 Portionen ★ ★ ★

Zutaten – einkaufen oder aus Vorrat

300 g grob zerkleinerter Grünkohl
1 Espressotasse Cranberries
1 Espressotasse Pinienkerne
30 ml weißer Balsamessig
1 EL Senf
30 ml Olivenöl
Salz & Pfeffer

Bereitstellen

Arbeitsstation / Küchenbrett
3-Liter-Kochtopf mit Stiel
kleine Pfanne
Küchensieb
kleiner Messbecher
Schraubglas
Salatschüssel

Abmessen

30 ml weißer Balsamessig
30 ml Olivenöl

Waschen & abtropfen lassen

Grünkohl

Vorbereiten & schneiden

Den Topf zur Hälfte mit Wasser füllen.
1 TL Salz zugeben.
Das Wasser aufkochen lassen.
Grünkohl im kochenden Wasser 3 Minuten sprudelnd kochen lassen (blanchieren).
In ein Sieb abgießen.
Kalt abschrecken und abtropfen lassen.
Mit der Hand das noch enthaltene Wasser gut ausdrücken.
In der kleinen Pfanne die Pinienkerne anrösten, bis sie duften. Dabei aufpassen, dass sie nicht verbrennen.
Balsamessig mit Senf, Salz und Pfeffer in einem Schraubglas verrühren.
Olivenöl dazugeben, Glas schließen und das Dressing kräftig schütteln.

Mischen & anrichten

In einer Schüssel den Grünkohl mit den Cranberries und dem Dressing mischen.
Mit den Pinienkernen bestreuen.

Hackfleisch-Bohnen-Cassoulet

★ ★ ★ deftig, nach französischer Art ★ für 3 personen ★ ★ ★

Zutaten – einkaufen oder aus Vorrat

400 g Rinderhack
1 kleine Dose weiße Bohnen
(400 ml, mit Ringverschluss)
100 g Cabanossi
1 Möhre
1 Gemüsezwiebel
(oder 2-3 Haushaltszwiebeln)
2 Knoblauchzehen
1 Bund Petersilie (oder 2 EL TK-Petersilie)
50 ml Olivenöl
100 ml Rotwein
300 ml passierte Tomaten
1 TL Kräuter der Provence
1 TL getrockneter Rosmarin
50 g Semmelbrösel
Salz & Pfeffer

Bereitstellen

Arbeitsstation / Einhänderbrett
kleiner & großer Messbecher
Sieb
Zwiebelhacker / Alligator
Knoblauchschlauch
Holzbrett & Wiegemesser
Schmorpfanne mit Deckel
Auflaufform oder andere ofenfeste Form
kleine Pfanne
Teller

Abwiegen & abmessen

50 g Semmelbrösel
2 x 20 ml und 1 x 10 ml Olivenöl
100 ml Rotwein
300 ml passierte Tomaten

Waschen & abtropfen lassen

Möhre, Petersilie

Vorbereiten & schneiden

Bohnendose öffnen.
Über der Spüle im Sieb abgießen.
Mit kaltem Wasser abspülen.
Abtropfen lassen.
Cabanossi in dicke Scheiben schneiden.
Möhre schälen, in Scheibchen schneiden.
Die Gemüsezwiebel schälen, in Achtel schneiden und mit dem Zwiebelhacker grob hacken (oder den Alligator nehmen).
Die Knoblauchzehen mit dem Knoblauchschlauch schälen.

Mit einem Messerrücken andrücken.

Petersilienblätter von den Stängeln zupfen.

Auf dem Holzbrett mit dem Wiegemesser zerkleinern.

Kochen

20 ml Öl in der Schmorpfanne erhitzen.

Das Rinderhack anbraten.

Knoblauch und Kräuter der Provence dazu.

Salzen und pfeffern.

Das Fleisch aus der Pfanne nehmen und auf einen Teller geben.

Weitere 10 ml Olivenöl in die Pfanne geben.

Die Zwiebel und Möhrenscheibchen darin anbraten.

Das Pfannengemüse mit Rotwein ablöschen.

Passierte Tomaten, Hackfleisch, Cabanossischeiben und Rosmarin zugeben.

Alles gut umrühren.

Deckel auf die Pfanne.

Alles bei geringer Hitze 15 Minuten schmoren.

Danach nochmal salzen und pfeffern.

Im Ofen backen

Backofen auf 180° C vorheizen.

Die letzten 20 ml Olivenöl in der kleinen Pfanne erhitzen.

Die Semmelbrösel unterrühren.

Die Pfanne vom Herd nehmen.

Petersilie mit den Semmelbröseln mischen.

Die Bohnen mit dem Fleisch mischen und in eine Auflaufform geben.

Die Semmelbrösel-Petersilen-Mischung darauf verteilen.

Das Cassoulet etwa 50 Minuten backen, bis die Brösel goldbraun sind.

DAZU SCHMECKEN

Baguette und ein Glas Rotwein.

Weihnachten

Dieses Menü gelingt garantiert!

Mit diesem festlichen Menü macht ihr alle glücklich, Familie, Freunde, Feinschmecker. Bleibt nur die Frage, ob es Heiligabend oder an einem der Feiertage auf den weihnachtlich gedeckten Tisch kommen soll. So manch einer mag am 24. Dezember ja doch lieber traditionell Kartoffelsalat...

TIPPS FÜR DIE VORBEREITUNG

Ein oder zwei Tage vor dem Essen:
Salatdressing vorbereiten, Bäckchen schmoren, Cheesecake backen.

Am selben Tag: Feldsalat waschen und trockenschleudern, Croutons rösten; Walnüsse rösten und hacken; Dill waschen, zupfen, hacken.

Die Gäste sind da: Jakobsmuscheln braten; Reis kochen, mit Walnüssen und Dill mischen. Bäckchen wärmen

Deko-Tipps: Auf einer weihnachtlichen Tischdecke oder einer einfarbigen – rot sieht immer gut aus – ein paar Christbaumkugeln und Nüsse verteilen, dazu Kerzen.
Frohe Weihnachten!

Jakobsmuscheln auf Feldsalat

★ ★ ★ die größten essbaren Muscheln ★ für 4 Personen ★ ★ ★

Zutaten – einkaufen oder aus Vorrat

8 Jakobsmuscheln (frisch oder TK, dann zuvor auftauen)
60 g superfrischer Feldsalat
20 ml Weißweinessig
60 ml neutrales Öl
Salz & Pfeffer
1 Prise Zucker
2 Toastbrötchenhälften
3 TL Butter
20 ml trockener Wermut
4 TL Chutney (z. B. von Seite 25)

Bereitstellen

Arbeitsstation / Einhänderbrett
kleiner Messbecher
Salatschleuder
Schraubglas mit Deckel
beschichtete Pfanne
Teller
Küchenkrepp

Waschen & abtropfen lassen

Feldsalat

Feldsalat – ist das der kleine runde grüne Salat?

Ja, und bei unseren österreichischen Nachbarn heißt er Vogerlsalat, die Schweizer sagen Nüsslisalat.

Abmessen

20 ml Weißweinessig
50 ml + 10 ml Öl
20 ml Wermut

Vorbereiten & schneiden

Wenn nötig von den Feldsalatrosetten die Wurzeln abknipsen.
Feldsalat in der Salatschleuder trocken schleudern (wer keine Salatschleuder zur Hand hat, plant mehr Zeit ein, damit der Salat gut abtropfen kann) .
Essig mit Salz & Pfeffer und 1 Prise Zucker in einem Schraubglas verrühren.
50 ml Öl dazugeben.
Glas schließen und kräftig schütteln.
Toastbrötchen würfeln.
2 TL Butter in einer Pfanne zerlassen, Brotwürfel darin knusprig braten.
Brotcroutons aus der Pfanne nehmen und auf einem Teller abkühlen lassen.

Pfanne mit Küchenkrepp säubern.
Jakobsmuscheln mit Küchenpapier trocken tupfen.
Von beiden Seiten mit Salz & Pfeffer würzen.

Jakobsmuscheln braten

10 ml Öl in der Pfanne erhitzen.
Jakobsmuscheln darin bei starker Hitze von beiden Seiten je 1 Minute braten.
Danach sofort mit Wermut ablöschen, 1 TL Butter zugeben.
Pfanne vom Herd nehmen, so dass die Butter nur noch in der Restwärme schmilzt und die Flüssigkeit bindet.

Anrichten

Feldsalat auf 4 Tellern anrichten, seitlich auf jeden Teller 1 TL Chutney verteilen.
Je 2 Muscheln auf den Tellern anrichten.
Vinaigrette nochmal gut schütteln.
Feldsalat mit dem Dressing beträufeln.
Mit Croutons bestreuen.
Sofort servieren.

VARIATIONEN MIT FELDSALAT

- Gebackener Ziegenkäse und geröstete Walnusskerne
- Gebratene Geflügelleber und Dattelstückchen
- Kross gebratene Speckstreifen, Feigen und Senfdressing
- Scheiben geräucherte Entenbrust und gehackte Haselnüsse
- gebratene Fischfiletstücken statt der Jakobsmuscheln

Geschmorte Kalbsbäckchen

★★★ zum Löffeln zart ★ für 4 Personen ★★★

Zutaten – einkaufen oder aus Vorrat

4 Kalbsbäckchen
5–6 Zwiebeln (je nach Größe)
200 ml türkische Granatapfelsauce (fast wie ein Sirup)
1 EL Mehl
2 EL Butter
eventuell etwas Rotwein
Salz & Pfeffer
4 EL Granatapfelkerne

Bereitstellen

Arbeitsstation/ Einhänderbrett
Messbecher
Schmorpfanne mit Deckel
Teller

Abmessen

200 ml Granatapfelsauce

Vorbereiten & schneiden

Zwiebeln auf der Arbeitsstation fixiert schälen und längs vierteln

Die Bäckchen salzen, pfeffern und leicht mit etwas Mehl bestäuben.

Anbraten & schmoren

In der Pfanne die Butter erhitzen und die Bäckchen braun anbraten, dann aus der Pfanne nehmen und zwischendurch auf den Teller legen.

Zwiebeln in die Pfanne geben und ebenfalls anbraten. Wenn sie anfangen, braun zu werden, die Bäckchen wieder zurück in die Pfanne geben.

Die Granatapfelsauce zugießen, den Deckel drauf und die Bäckchen 2 Stunden bei geringer Hitze schmoren.

Nach einer Stunde Garzeit prüfen, ob noch genug Flüssigkeit im Schmortopf ist, eventuell etwas Rotwein nachgießen.

Das Fleisch ist fertig, wenn es fast zerfällt.

Eventuell die Sauce nochmal mit Salz und Pfeffer abschmecken.

Anrichten

Bäckchen und Sauce mit Granatapfelkernen bestreuen und zusammen mit Walnuss-Dill-Pilaf servieren.

Walnuss-Dill-Pilaf

★★★ auf aserbaidschanische Art ★ für 4 Personen ★★★

Zutaten – einkaufen oder aus Vorrat

2 Tassen Langkornreis
50 g Walnusskerne
1 Bund Dill
4 Tassen Brühe (siehe S. 126)
1 EL Butter
Salz & Pfeffer

Bereitstellen

Tassen zum Abmessen
1,5-Liter-Topf mit Stiel und Deckel
Holzbrett & Wiegemesser

Waschen & abtropfen lassen

Dill

Abmessen

2 Tassen Reis
4 Tassen Brühe

Vorbereiten & schneiden

Die Walnüsse auf ein Holzbrett geben.
Mit einem großen Messer grob hacken.
Dillspitzen abzupfen.
Auf dem Holzbrett mit dem Wiegemesser zerkleinern.

Reis kochen

Brühe in den Stieltopf geben und zum Kochen bringen.
Den Reis hineingeben, umrühren, Deckel drauf und etwa 15 Minuten köcheln lassen.
Der Reis ist fertig, wenn die Brühe aufgesogen ist.
Butter unterrühren.
Dill und Walnüsse vorsichtig unterheben.
Das Pilaf mit Salz und Pfeffer abschmecken.

New York Cheesecake

★★★ lässt sich gut vorbereiten ★ für 12 Stücke ★★★

Zutaten – einkaufen oder aus Vorrat

150 g Butter-Vollkorn-Kekse
600 g Doppelrahm-Frischkäse (3 Packungen)
2 Becher saure Sahne
60 g Butter
Butter für die Backform
150 g Zucker
1 Prise Salz
1 EL Speisestärke oder Mehl
3 Eier
1 Zitrone (davon den Saft)

Bereitstellen

Küchenwaage
stabiler Gefrierbeutel
Nudelholz / Flasche
Schälchen / kleiner Stieltopf zum Schmelzen der Butter
Rührschüssel, Handmixer
Springform (26 cm Durchmesser)

Abwiegen

150 g Kekse
60 g Butter
150 g Zucker

Vorbereiten

Die Kekse in den Gefrierbeutel geben.
Die Tüte verschließen.
Die Kekse in der Tüte zerkrümeln: Dazu entweder mit einem Nudelholz oder einer Flasche über die Kekstüte rollen. (Oder die Tüte auf die Arbeitsplatte klopfen.)
Die Butter in einem Schälchen in der Mikrowelle oder in einem kleinen Topf auf dem Herd schmelzen lassen.
Kekskrümel in die Rührschüssel geben.
Geschmolzene Butter dazu und mischen.
Die Springform mit etwas Butter einfetten.
Die Butter-Kekskrümel auf dem Boden der Form verteilen.
Mit einem Esslöffel fest andrücken.
Die Form 30 Minuten in den Kühlschrank stellen.
Den Backofen auf 220 °C vorheizen.
Die Rührschüssel wieder säubern.

Teig rühren

Den Frischkäse, die saure Sahne, Zucker, Salz und Speisestärke hineingeben.
Eier aufschlagen und zugeben.
Alles mit dem Handmixer cremig rühren, aber nicht zu lange, damit die Masse später nicht aus der Form läuft.
Die Zitrone halbieren und den Saft in die Rührschüssel quetschen.

Alles nochmal gut verrühren.
Springform aus dem Kühlschrank nehmen.
Die Frischkäsemischung hineingießen.
Gleichmäßig verteilen.

Backen

Die Springform in die Mitte des heißen Ofens stellen.
Den Kuchen 15 Minuten backen.
Dann die Temperatur auf 135 Grad herunterstellen und weitere 60 Minuten backen.
Den Ofen ausstellen.
Den Cheesecake aber noch mindestens eine Stunde im geschlossenen Ofen lassen.

Abkühlen lassen & schneiden

Die Springform aus dem Ofen nehmen.
Mehrere Stunden kaltstellen.
Erst dann aus der Form lösen und in Stücke schneiden.

Merry

Zum Verschenken: Rilettes

★★★ Brotaufstrich aus Schweinfleisch ★ für 3 Gläser ★★★

Zutaten – einkaufen oder aus Vorrat

1 kg Schweinegulasch
250 g Schweineschmalz
je 1/2 TL getrockneter Thymian und Oregano
1 Lorbeerblatt
30 g Salz
1 TL edelsüßes Paprikapulver

Bereitstellen

Küchenwaage
Messbecher
Schüssel
Teller
3-Liter-Stieltopf mit Deckel
1,5-Liter-Stieltopf
3 Schraubgläser mit Deckel

Abwiegen & abmessen

30 g Salz
100 ml Wasser

Vorbereiten

Gulaschfleisch in die Schüssel geben.
Mit den Gewürzen (ohne das Paprikapulver) gut mischen.
Mit dem Teller abdecken.
Mindestens 2 Stunden oder über Nacht durchziehen lassen.

Kochen

Fleisch und Wasser in den großen Stieltopf geben.
Zugedeckt einige Stunden bei geringster Hitze köcheln lassen.
Zwischendurch immer wieder umrühren und eventuell etwas Wasser nachgießen.
Wenn das Fleisch in seine Fasern zerfällt, ist es fertig, das letzte bisschen Wasser sollte dann auch verdampft sein.
Fleischmasse mit dem edelsüßen Paprikapulver würzen.
Fleischmasse in die Gläser sehr dicht verteilen, es soll kein Platz für Luft sein!

Konservieren

Das Schmalz im kleinen Stieltopf erwärmen, bis es flüssig ist.
Die Fleischmasse in den Gläsern mit dem Schmalz abdecken.
Wenn das Schmalz erstarrt ist, die Gläser zuschrauben und im Kühlschrank aufbewahren.

Arrr, da bin ich ja den Winter über versorgt!

Nee, aber 4 Wochen kannst du dir Zeit lassen mit dem Aufessen, wenn es im Kühlschrank steht.

Orangengelee

★ ★ ★ fruchtig, mit Glühweintouch ★ für 5 kleine Gläser ★ ★ ★

Zutaten – einkaufen oder aus Vorrat

1-Liter-Flasche Orangensaft (Direktsaft)
2 Bio-Orangen
2 Beutel Glühweingewürz
2 Beutel Kaminabend-Tee
(aromatisierter Rotbuschtee)
1 kleine Zimtstange
1 Sternanis
2 Gewürznelken
500 g Gelierzucker 3:1
20 ml Rum

Bereitstellen

Arbeitsstation / Einhänderbrett
Küchenwaage
Zitruspresse
3-Liter-Stieltopf
kleiner Teller
Schöpfkelle
Marmeladentrichter
5 kleine Schraubgläser mit Deckel

Abwiegen & abmessen

500 g Gelierzucker 3:1
20 ml Rum

Waschen & abtrocknen

Orangen
Schraubgläser und Deckel sorgfältig heiß ausspülen.

Vorbereiten

Von den Orangen etwa 1 EL Schale abreiben.
Den Orangensaft auspressen.

Kochen

Den frisch gepressten Orangensaft mit dem aus der Flasche in den Topf geben.
Glühweingewürz- und Teebeutel sowie Zimt, Sternanis, Gewürznelken zugeben.
Alles erhitzen, aber nicht kochen lassen.
Topf vom Herd nehmen.
Gewürze und Teebeutel mindestens 30 Minuten im Orangensaft ziehen lassen..
Dann alle Gewürze und Teebeutel entfernen.
Gelierzucker und Orangenabrieb zum Orangensaft geben und alles aufkochen.
Die Mischung weiter4 Minuten sprudelnd kochen lassen, dabei ständig rühren.
Gelierprobe machen: einen Teelöffel vom Orangengelee herausnehmen, auf einen kleinen Teller geben und schauen, ob die Konfitüre beim Erkalten fest wird.
Ist sie noch flüssig, dann 2–3 Minuten länger kochen.
Rum dazugeben und unterrühren.
Das Gelee mit dem Marmeladentrichter heiß in die Schraubgläser randvoll einfüllen.
Gläser sofort fest verschließen und 5 Minuten auf den Deckel stellen.

Nussplätzchen

★★★ als Mitbringsel ★★★

Zutaten – einkaufen oder aus Vorrat

200-g-Packung gemahlene Nüsse
250 g Mehl
125 g Zucker
125 g zimmerwarme Butter
1 Tütchen Vanillezucker
1 Prise Salz
2 Eier
1 Bogen Backpapier

Bereitstellen

Küchenwaage
Rührschüssel
Elektrisches Handrührgerät
Event. Plätzchenportionierer
Backblech

Abwiegen

250 g Mehl
125 g Zucker
125 g Butter

Vorbereiten

Eier aufschlagen.
Vanillezuckertütchen öffnen.
Backblech mit Backpapier auslegen.

Teig zubereiten

Nüsse, Mehl, Zucker, Vanillezucker, Salz und Eier in die Rührschüssel geben.
Mit dem Handrührgerät alles gut verrühren. Oder gleich mit der Hand vermengen.
Teig in der Rührschüssel abdecken.
30 Minuten im Kühlschrank oder auf dem kalten Balkon ruhen lassen.

Backen

Ofen auf 200 °C vorheizen.
Den Teig nochmal kurz durchkneten.
Mit einem Esslöffel oder Plätzchenportionierer jeweils Teig für ein Plätzchen abnehmen, auf das Backpapier setzen und flachdrücken.
Blech im heißen Ofen auf die mittlere Schiene setzen.
Etwa 10 Minuten backen.

Wieso denn etwa 10 Minuten backen?

Nicht alle Backöfen sind gleich, also Achtung: Nussplätzchen gegen Ende der Backzeit beobachten, damit sie nicht verbrennen!!!!

Butterkekse

★★★ circa 20 Stück zum Dekorieren ★★★

Zutaten – einkaufen oder aus Vorrat

200 g Mehl
80 g Zucker
125 g kalte Butter
1 Tütchen Vanillezucker
1 Prise Salz
2 Bögen Backpapier, 1 Plastiktüte
Kuvertüre im Beutel
Nüsse, Schokolinsen zum Dekorieren

Bereitstellen

Küchenwaage
Rührschüssel
Rührlöffel / Handmixer
Backblech

Abwiegen

200 g Mehl
80 g Zucker
125 g Butter

Vorbereiten

Vanillezuckertütchen öffnen.
Backblech mit Backpapier belegen.

Teig zubereiten

Butter, Zucker, Vanillezucker und Salz in die Rührschüssel geben und schaumig rühren.
Mehl zugeben.
Mit Rührlöffel oder Handmixer alles zu einem glatten Teig verarbeiten.
Auf einer leicht bemehlten Arbeitsfläche den Teig zu einer etwa 5 cm dicken Rolle formen.
Die Rolle in 1 Bogen Backpapier einwickeln und in die Plastiktüte legen..
Für vier Stunden in den Kühlschrank legen.
Zum Ende der Kühlzeit den Backofen auf 180 Grad vorheizen.

Plätzchen backen

Teigrolle aus dem Kühlschrank nehmen, aus dem Backpapier wickeln.
Die Rolle in etwa 0,5 cm dicke Scheiben schneiden.
Teigscheiben auf dem Backblech verteilen.
Das Blech auf die mittlere Schiene in den heißen Ofen schieben.
Die Kekse etwa 15 Minuten nicht zu dunkel backen, sie sollen hell bleiben.
Wenn die Plätzchen fertig sind, aus dem Ofen nehmen und abkühlen lassen.

Dekorieren

Kuvertüre im heißen Wasserbad erwärmen.
Plätzchen damit bestreichen.
Nüsse oder Schokolinsen in die warme Schokolade drücken.

発酵中
Food Nip

Heiße Drinks

★★★ zum Aufwärmen nach dem Winterspaziergang ★★★

APFELPUNSCH MIT CALVADOS

für 5 – 6 Glühweinbecher

Zutaten – einkaufen oder aus Vorrat

1 Liter-Flasche Apfelsaft

2 Zimtstangen

250 ml Calvados

Bereitstellen

Messbecher

3-Liter-Stieltopf

5-6 Glühweinbecher (oder Kaffeebecher)

Abmessen

250 ml Calvados

Zubereiten

Apfelsaft, Calvados und die Zimtstangen in den Topf geben.

Alles bis kurz vor dem Siedepunkt erhitzen, nicht kochen lassen!

Zimtstangen entfernen, in Becher füllen.

Ohja,
so einen heißen Drink
kann ich an Bord
gut gebrauchen!

Füll ihn einfach in
eine Thermoskanne.
Dann hast du immer
was Warmes dabei

ANGLER MUCK für 2 Groggläser

Zutaten – einkaufen oder aus Vorrat

125 ml brauner Rum

1 EL Zucker

1 Zitrone (davon den Saft)

Bereitstellen

Arbeitsstation / Einhänderbrett

Messbecher, kleine Kanne (300-400 ml)

Zitruspresse

1,5-Liter-Stieltopf

2 Groggläser (oder Kaffeebecher)

Abmessen

125 ml Rum, 125 ml Wasser

20 ml Zitronensaft (nach dem Auspressen)

Zubereiten

Zitrone halbieren und auspressen.

20 ml Zitronensaft in die Kanne gießen.

Zitronensaft mit 1 EL Zucker verrühren.

Rum im Stieltopf stark erwärmen, aber nicht kochen lassen.

Heißen Rum zum Zitronensaft geben.

Wasser im Stieltopf kurz aufkochen lassen.

Ebenfalls in die Kanne geben.

Alles mischen.

In Groggläser füllen und servieren.

GLÜHWEIN NULL PROMILLE

für 6 Glühweinbecher

Zutaten – einkaufen oder aus Vorrat

3 Beutel roter Früchtetee
750 ml roter Johannisbeersaft
250 ml frisch gepresster Orangensaft
1 Zimtstange
2 Gewürznelken
2 EL Honig

Bereitstellen

Messbecher
3-Liter-Stieltopf
6 Glühweinbecher (oder Kaffeebecher)

Abmessen

750 ml Wasser
750 ml Johannisbeersaft
250 ml Orangensaft

Zubereiten

Wasser im Topf aufkochen.
Teebeutel in den Topf geben und 10 Minuten ziehen lassen.
Teebeutel aus dem Topf nehmen.
Johannisbeer- und Orangensaft in den Topf geben.
Zimtstange, Gewürznelken und Honig zufügen.
Die Mischung kurz aufkochen und 8–10 Minuten bei geringer Hitze köcheln lassen.
Zimtstange und Gewürznelken entfernen.
Glühwein in Becher füllen und servieren.

ALPHABETISCHES REZEPTVERZEICHNIS

Vegetarische Rezepte sind mit einem * gekennzeichnet

DIE AUTOREN

Nick Tschirner stand schon immer mit großer Freude am Herd, bereits im Kindergarten hat er sich neue Rezepte ausgedacht und sie dann zu Hause ausprobiert. Nach einem schweren Unfall mit 16 Jahren war das erst mal vorbei. Seine rechte Hand wollte nicht mehr so wie er.
Der Grund: Bewegungsstörung als eine der Unfallfolgen. Die Lust am Kochen und Essen hatte Nick zum Glück behalten, dann eben nur mit einer Hand!

Die Idee zu einem Kochbuch für Einhänder, z. B. auch nach einem Schlaganfall, entstand während seines Aufenthalts in der Rehaklinik Hohenstücken, eine Ergotherapeutin gab den Impuls. So brachten Nick und seine Mutter Martina 2014 das erste „Einhänderkochbuch" heraus. Mit alltagstauglichen Rezepten für jede Gelegenheit, von morgens bis abends, alle probegekocht von Nick. Und 2015 ausgezeichnet mit der Silbermedaille der Gastronomischen Akademie Deutschlands.

Kochen nach den Jahreszeiten, also mit dem, was gerade Saison hat, darum geht es im „Einhänderkochbuch Zwei". Eigentlich ganz selbstverständlich für die zwei Mitglieder von Slow Food Deutschland. Von Martina Tschirner ist es das elfte Kochbuch. Die Autorin für Kulinarisches hat TV-Kochshows konzeptionell entwickelt und bei verschiedenen Sendern vor der Kamera gekocht, inzwischen ist sie auch Verlegerin. Seit 2006 leitet die Foodjournalistin die Redaktion des „Slow Food Magazins". Mit beiden Büchern wollen Nick und Martina Menschen mit Handicap Mut machen, auch (wieder) selbst zu kochen.

HERZLICHEN DANK AN

Caroline – die beste Grafikerin in Berlin und Brandenburg.
Stefan – dem besten Foodfotografen in Berlin und Brandenburg.
Carola, Nicks Tante – hat uns wieder ihre Küche für die Fotoshootings zur Verfügung gestellt.
Tim, Cousin und unser Lieblingzeichner – hat Captain Cook und den Papagei Papayo erfunden.
Und noch einen Extradank von Nick an seine Omi, die ihm und seiner Mutter Martina
die Freude am Kochen weitergegeben hat!

SUCHEN & FINDEN

www.hannelore-kohl-stiftung.de Die ZNS Hannelore Kohl Stiftung bietet Hilfe und Unterstützung nach Schädel-Hirn-Verletzungen für Betroffene und Angehörige an. Sie veranstaltet zudem regelmäßig Erlebnistage für Betroffene, bei denen Nick und Martina schon mehrmals als Dozenten für Einhänderkochkurse eingeladen waren.

Von jedem verkauften „Einhänderkochbuch Zwei“ spenden die Autoren 50 Cent an die ZNS Hannelore Kohl Stiftung.

www.schlaganfall-hilfe.de Deutsche Schlaganfall-Hilfe – setzt sich für die Bedürfnisse der Betroffenen und ihrer Angehörigen ein.

Bestelladressen für die Arbeitsstation und weitere Hilfsmittel sind im Internet zu finden. Einfach Begriffe wie z. B. ‚Arbeitsstation + Küche + Einhänder‘ bei der Suche eingeben.

IMPRESSUM

Redaktion **Martina Tschirner, www.martina-tschirner.de**
Art Direktion **Caroline Gärtner, www.pluscberlin.de**
Fotografie **Stefan Abtmeyer, www.fishinheaven.de**
Illustrationen **Tim Sterniczuk, Berlin**
Digitale Bearbeitung der Illustrationen **Birgit Schlesinger, www.grafikmaschine.de**
Druck **ELCH GRAPHICS GmbH & Co.KG, Berlin, www.elch-graphics.de**

Printed in Germany | ISBN 978-3-00-059451-9

1. Auflage 2018

edition slow hand

Gemüsebrühe aus Resten

Im ersten Einhänderkochbuch hatten wir dieses Rezept für 1,5 l Brühe vorgestellt. Da die Brühe auch Grundlage für Rezepte in diesem Buch ist, hier noch einmal:

Zutaten – einkaufen oder aus Vorrat

2 Hände voll : Bioreste zum Kochen, z. B. äußere, welke Porreeblätter, Zwiebel- und Möhrenschalen, Kohlstrünke, Stielansätze von Tomaten, Petersilienstängel ohne Blätter, andere Kräuterstängel

1 Biotomate

1 Zwiebel, 1 Knoblauchzehe

3 bis 4 Stängel Thymian

Salz

Bereitstellen

Arbeitsstation / Einhänderbrett

großer Messbecher

Küchensieb

3-Liter-Kochtopf mit Stiel

Abmessen

2 l kaltes Wasser

Waschen & abtropfen lassen

Bioreste, Tomate

Vorbereiten & schneiden

Die großen Bioreste wie Strünke und lange Porreeblätter in Stücke schneiden.

Tomate und Zwiebel halbieren.

Ungeschälte Knoblauchzehe mit dem Messer etwas andrücken.

Brühe zubereiten

Das Wasser in den Topf füllen.

Dazu das Gemüse und den Thymian geben.

Alles aufkochen lassen.

Bei geringer Hitze mindestens eine Stunde köcheln lassen.

Die Gemüsebrühe durch ein feines Sieb gießen und salzen.

Aufbewahren

Die Brühe auf geeignete Gefäße verteilen und einfrieren.

Oder die Brühe nochmal aufkochen und heiß in saubere Schraubgläser füllen.

Im Kühlschrank hält sich Gemüsebrühe etwa 3 Wochen.

TIPP

Selbstverständlich funktionieren auch alle Rezepte mit Instant-Brühe.